Claudius Hennig / Gustav Keller
Lehrer lösen Schulprobleme

W0179916

Claudius Hennig / Gustav Keller

Lehrer lösen Schulprobleme

Lernförderung – Verhaltenssteuerung – Gesprächsführung

Verlag Ludwig Auer Donauwörth

1. Auflage. 1992
© by Ludwig Auer GmbH, Donauwörth. 1992
Alle Rechte vorbehalten
Gesamtherstellung: Ludwig Auer GmbH, Donauwörth
ISBN 3-403-02140-8

Inhaltsverzeichnis

I. Einleitung

Neben der Erteilung von Unterricht mit Vorbereitung, Korrekturen usw. sind es vor allem Schüler mit Lern- und Verhaltensproblemen sowie daraus resultierende, oft schwierige Elterngespräche, die den Lehrer Energie und Nerven kosten. Deshalb wendet sich der vorliegende Leitfaden in erster Linie an all diejenigen Lehrer, die konstruktiver und nervenschonender als bisher mit den typischen Problemen des Schulalltags umgehen wollen. Darüber hinaus möchte er auch eine Hilfe für Lehrerfortbildner (Schulpsychologen, Seminarschulräte, Schulräte usw.) sowie für all diejenigen sein, die mit der Beratung und Behandlung von Problemschülern außerhalb der Schule befaßt sind (Erziehungsberatungsstellen, Schulpsychologische Dienste, Kinderärzte usw.).

Die Erkenntnisse und Inhalte des Leitfadens beruhen auf langjährigen Erfahrungen aus der schulpsychologischen Beratung und der Lehrerfortbildung. Sie sind zu einer praxisnahen und lösungsorientierten Handlungsanleitung zusammengefaßt worden. Auf ausführliche theoretische Begründungen wird verzichtet, was nicht gleichbedeutend mit fehlender Fundierung ist. In unseren Lösungsstrategien sind nämlich jene Theorien enthalten, die sich im Schulalltag als praktisch erwiesen haben.

Der Leitfaden konzentriert sich auf die Beantwortung folgender drei Fragen:

- Wie fördere ich die Lernprozesse, die Konzentration und Motivation meiner Schüler?
- Wie kann ich konstruktiv und kräftesparend mit Unterrichtsstörungen umgehen?
- Wie kann ich die Wirksamkeit meiner Beratungsgespräche mit Eltern, Schülern und Kollegen verbessern?

Fast immer können und konnten wir bei der Bearbeitung von Schulproblemen erleben, daß diese drei Problembereiche eng miteinander verknüpft sind. Ein Beispiel dazu: ein Schüler zeigt gravierende Auffälligkeiten im Leistungsbereich und in seinem Unterrichtsverhalten. In diesem Fall muß ich als Lehrer Strategien parat haben, mit den Leistungs- und

Verhaltensstörungen des Schülers umzugehen, *und* ich muß mit seinen Eltern ein klärendes Beratungsgespräch führen, *und* ich muß mein Verhalten diesem Schüler gegenüber mit anderen beteiligten Kollegen abstimmen, *und* ich muß eventuell sogar mit einer Beratungsstelle Kontakt aufnehmen beziehungsweise diesen Schüler und seine Eltern an eine solche Institution weiterverweisen.

Bevor Sie sich nun diesem Buch endgültig zuwenden, möchten wir Ihnen in Anlehnung an Paul Watzlawicks „Anleitung zum Unglücklichsein" die Lektüre der folgenden zehn Gebote zumuten.

Erstes Gebot:

Ich muß alle Schulprobleme meiner Schüler allein lösen können. Wenn ich das nicht schaffe, liegt das an der Qualität meines Unterrichts, und ich bin ein schlechter Lehrer.

Und mit dem ersten Gebot zusammenhängend:

Zweites Gebot:

Ich übernehme deren Erziehungsverantwortung, denn mein Einfluß auf meine Schüler ist viel gewichtiger als der ihrer Eltern. Ich bin eigentlich ein viel besserer Vater/eine bessere Mutter, als es der leibliche Vater oder die leibliche Mutter sein können.

Und mit dem zweiten Gebot zusammenhängend:

Drittes Gebot:

Wenn Schüler meinen Unterricht stören, dann tun sie das nur, um mich *persönlich* zu kränken, weil ich ja die wichtigste Bezugsperson in ihrem Leben bin und ihr ganzen Wirken und Trachten darauf abzielt, mich fertigzumachen.

Und das Gegenteil vom ersten Gebot:

Viertes Gebot:

Ich muß viel Verdrängungsenergie darauf verwenden, alle Schulprobleme zu leugnen, indem ich Augen, Ohren und Mund fest verschließe. Wenn mich ein Kollege im Lehrerzimmer auf einen schwierigen Schüler anspricht, verstehe ich nur Bahnhof. Außerdem gibt es für Problemschüler ja Spezialisten wie Beratungslehrer und Schulpsychologen.

Und mit dem vierten Gebot zusammenhängend:

Fünftes Gebot:

Ich muß mich strikt davor hüten, mit Kollegen meiner Schule zu kooperieren, denn ich bin Einzelkämpfer, wenn auch mit zusammengebissenen Zähnen. Vor allem über Gefühle, Schwierigkeiten und anderen persönlichen Kram spricht man nicht im Kollegium.

Sechstes Gebot:

Als Lehrer bin ich immer im Dienst, auch in meiner Freizeit und in meinem Privatleben – Tag und Nacht. Abschalten ist nicht erlaubt.

Siebtes Gebot:

Wenn ich im trauten Freundeskreis sitze, der natürlich fast ausschließlich aus Lehrern besteht, beteilige ich mich lebhaft am Wettbewerb: „Wer hat die schwierigste Klasse?" „Wer hat das unkooperativste Kollegium?" „Wer hat den unfähigsten Schulleiter?" „Wer hat den idiotischsten Lehrplan", vom Kultusminister ganz zu schweigen. Kurzum: „Wer ist das ärmste Schwein?"
Mit diesen positiven Gefühlen gestärkt gehe ich voller Freude und Zuversicht in den nächsten Schultag.

Achtes Gebot:

Ich verstoße permanent gegen das „Schweizer Käse-Prinzip", das heißt, ich starre gebannt auf die Löcher, also meine Schwächen und Defizite und nicht auf den Käse rings um die Löcher, das heißt meine Stärken und Kraftquellen. An diesen Leitfaden gehe ich mit der Haltung heran: „O Gott, was fehlt mir noch alles!"

Neuntes Gebot:

Meine Person, meine Persönlichkeit ist zwar mein wichtigstes Werkzeug im Schulalltag, doch weil es in der offiziellen Lehrerausbildung und Lehrerfortbildung nirgendwo beachtet und gepflegt wird, lasse ich es völlig vergammeln. Fortbildungsangebote, die der Psychohygiene meiner Lehrerpersönlichkeit dienen, sind ein völlig überflüssiger Luxus.

Zehntes Gebot:

Humor, Gelassenheit und Spaß im Schulalltag sind die schlimmsten Feinde des Unglücklichseins und haben deshalb in der Schule nichts verloren.

Auswertung

Wenn Sie mindestens drei oder mehr Gebote in Ihrem bisherigen Lehrerleben kontinuierlich befolgt haben, könnte Ihr Unbewußtes Sie dazu verführen, diesen Leitfaden zu lesen, weil es Ihnen wohlgesonnen ist. Dieser Leitfaden ist zwar keine Anleitung zum „Glücklichsein im Schulalltag", aber er könnte den subversiven Effekt haben, das Ausmaß des bisherigen Unglücklichseins erheblich zu verringern.

II Lernprobleme und Lernförderung

1. Lerndiagnose

Lern- und Leistungsschwierigkeiten sollten nicht sofort an den Beratungslehrer, Schulpsychologen oder Erziehungsberater delegiert werden. Zunächst ist zu überlegen, ob das Problem durch schulische Lernförderung gelöst werden kann. Bevor jedoch gefördert wird, ist eine genauere Problemanalyse vonnöten. Ziel dieses auch als Lerndiagnose bezeichneten Schrittes ist es, erste Antworten auf folgende Fragen zu erhalten:

- Entspricht der Schwierigkeitsgrad des Unterrichtsangebotes dem geistigen Entwicklungsstand der Klasse?
- Gibt es Leistungsrückstände, die den Wissenserwerb erschweren?
- Wodurch wird die Lernmotivation momentan beeinträchtigt?
- Mangelt es den Schülern an elementaren Lernstrategien?
- Welchem Lerntyp gehören die Schüler an?
- Liegt eine gravierende Beeinträchtigung in Form einer Lernbarriere vor?

Wie eine auf diese Frage ausgerichtete Lerndiagnose durchgeführt wird, soll im folgenden gezeigt werden.

1.1 Denkentwicklung

Wenn sich Schüler bei der Aneignung von Lernstoff schwertun, sollte zunächst überlegt werden, ob die Stoffdarbietung dem Stand der Denkentwicklung entspricht, auf dem sich der Durchschnitt der Klasse momentan befindet. Um diese Frage beantworten zu können, bedient man sich am besten Piagets Modell der Denkentwicklung (Piaget/Inhelder 1986). Es gibt darüber Auskunft, was von einer Altersgruppe an Denkleistungen erwartet werden kann.

Nach *Piaget* beginnt die Denkentwicklung mit der Herausbildung der *sensomotorischen bzw. praktischen Intelligenz.* Das heißt, daß das *Klein-kind* lernt, Wahrnehmung und Motorik miteinander zu koordinieren. Und es kann nur das verstehen, was es „begreifen" und bewegen kann. Im nächsten Stadium *(2.–4. Lebensjahr)* entwickelt sich das *symbolisch-vorbegriffliche Denken.* Das Kind erlangt die Sprachfähigkeit, es kann sich durch Worte mit der Umwelt verständigen und verinnerlicht Worte als Gedanken. Die Qualität des Sprechens und Denkens ist allerdings noch sehr egozentrisch. Außerdem ist das Problemlösen noch sehr eingleisig. Es fällt ihm schwer, zwei Merkmale oder Dimensionen auf einmal ins Auge zu fassen. Gießt man eine Flüssigkeitsmenge von einem breiten, niedrigen Glas in ein hohes, schmales Glas, behaupten viele Kinder dieser Altersstufe, im zweiten Glas sei mehr Wasser.

Mit *fünf bis sechs Jahren* vollzieht sich der Übergang zum *intuitiven Denken.* Es kann jetzt logische Schlüsse ziehen, zum Beispiel Analogieschlüsse, ohne sie exakt zu begründen. Der Grund ist, daß es zwar „denkhandeln kann", ohne aber das Prinzip zu verstehen.

Auffallend an der geistigen Entwicklung ist auch, daß der Egozentrismus abnimmt bzw. das Denken realitätsorientierter wird.

Um das *siebte Lebensjahr* tritt das Kind in das *konkret-operationale Denkstadium* ein. Jetzt vermag es,

– in Gedanken Handlungen rückgängig zu machen,
– Objekte nach verschiedenen Kriterien zu Mengen zusammenzufassen,
– Reihen zu bilden,
– Mengen trotz geänderter Anordnung als invariant zu erkennen,
– Mengen Zahlwörter zuzuordnen und mit diesen zu rechnen.

Wichtig ist, daß das Denken sich im Kopf noch bildlich und in Anlehnung an wirkliche Objekte vollzieht.

Folgende Aufgabe wird es lösen können:

Brigitte hat 3 Murmeln. Steffi gibt ihr noch 4 dazu. Wie viele Murmeln hat Brigitte insgesamt?

Im Gegensatz dazu wird die folgende Aufgabe wohl unlösbar sein:

Stelle dir 2 Mengen vor, die zusammen ein Ganzes ergeben. Wenn du die 1. Menge größer machst, das Ganze aber gleichbleibt, was ist dann mit der 2. Menge passiert?

Ungefähr ab dem *11./12. Lebensjahr* kann der Schüler den Übergang zum *Stadium der formalen Operationen* schaffen. Das heißt, daß es jetzt möglich wird, abstrakt und hypothetisch zu denken. Jetzt können Problemlösungen im Kopf ausgedacht, durchgespielt und beurteilt werden. Ein weiteres Merkmal des *formal-operationalen Denkens* ist, daß es systematisch und organisiert abläuft.

Nach neueren Erkenntnissen der Entwicklungspsychologie kann nur von der Hälfte der Schüler erwartet werden, daß sie auf diesem hohen Denkniveau unbeschwert operieren können.

Zu beachten ist auch, daß Schüler nach Erreichen eines bestimmten Entwicklungsstadiums nicht ausschließlich auf dem entsprechenden Niveau denken. Es kommt immer wieder vor, daß sich das Denken zeitweise auf einem niedrigeren Niveau bewegen muß, um ein Problem lösbar zu machen. Dies ist beispielsweise der Fall, wenn ein Schüler bei der Lösung eines mathematischen Problems sich einer anschaulichen Lösungsskizze bedient.

1.2 Leistungsstand

Wenn eine Klasse den Leistungserwartungen des Lehrers nicht entspricht, sollte zunächst selbstkritisch gefragt werden: „Überfordere ich die Klasse stofflich?" Es könnte ja sein, daß ich dem tatsächlich erwartbaren Stand der Leistungsentwicklung nicht Rechnung trage. Diese Frage kann an Hand des Lehrplanes oder im Gespräch mit Fachkollegen beantwortet werden.

Falls die Überforderungshypothese widerlegt werden kann, muß die Ursachenforschung fortgesetzt werden. Nun ist es naheliegend zu hypostasieren, daß Kenntnislücken vorliegen, die den aktuellen Kenntniserwerb erschweren. Aufschluß darüber erhält man, wenn man Fachkollegen befragt, die die „Problemklasse" im vorigen oder in früheren Schuljahren unterrichtet haben. Sie können darüber informieren,

– wo die Schwerpunkte der Stoffvermittlung lagen,
– ob es in stärkerem Maße zu Unterrichtsausfall kam,
– in welchen Lernbereichen die Klasse sich schwertat,
– in welchen Lernbereichen zu wenig Übungszeit vorhanden war,
– welche Unterrichtswerke verwendet wurden.

Ein ähnlicher Rückblick muß auch vorgenommen werden, wenn sich ein einzelner Schüler in akuten Lern- und Leistungsschwierigkeiten befindet. Erste Antworten können der Schülerkartei entnommen werden, die ja wichtige lernbiografische Daten wie Fehlzeiten, Schulwechsel oder Bundeslandwechsel enthält. Weitere Antworten erhält man durch die Befragung der Eltern. Wenn genauere Recherchen die Hypothese von fehlenden Vorkenntnissen bestätigen, sollte eine *Lücken- bzw. Fehleranalyse* der weitere Schritt sein. Das heißt, daß auf der Basis von Klassenarbeiten und Leistungstest festgestellt wird, welche Kenntnislücken besonders stark zu Buche schlagen (s. u.). Hierzu können sowohl standardisierte als auch selbst entworfene Fehleranalyseschemata benutzt werden.

Fehlerkategorien	Fehlerhäufigkeit
Schärfung schafen (schaffen)	
Dehnung Pfal (Pfahl)	
Ähnlich klingende Vokale Glais (Gleis)	
Ähnlich klingende Konsonanten Kegs (Keks)	
s-Laute Strase (Straße)	
Groß- und Kleinschreibung	
Zusammen- und Getrenntschreibung	
Satzzeichen	
Silbentrennung	
Auslassung von Buchstaben – falsche Buchstabenfolge	

Abb. 1: Beispiel eines Schemas zur Rechtschreibfehler-Analyse

Anzumerken ist, daß eine Fehleranalyse zeitaufwendig sein kann, insbesondere dann, wenn man sie mit einer ganzen Schulklasse durchführt. Nach unseren Erfahrungen lohnt sich dieser Aufwand jedoch sehr, weil die Ermittlung der Fehlerschwerpunkte ein systematisches und effektives Wiederholungsprogramm ermöglicht. Dieses kann zu einer raschen Beseitigung von Leistungsrückständen und damit zur wesentlichen Erleichterung des Lehr-Lern-Prozesses führen.

1.3 Lernmotivation

Die Lernmotivation bestimmt die Zielrichtung, Intensität und Dynamik des schulischen Lernens. Ist sie gestört, kann sich dies darin äußern, daß Schüler

– nicht mitarbeiten,
– Übungsaufgaben nur mißmutig bearbeiten,
– Hausaufgaben schlampig oder gar nicht machen,
– nur aufgrund von Druck und Drohung lernen,
– leicht zur Entmutigung und Resignation neigen,
– Leistung grundsätzlich verweigern.

Als Ursache für gestörte Lernmotivation können unterschiedliche Faktoren in Frage kommen: mangelndes Interesse, zuwenig positive Verstärkung, mangelnde Ermutigung und Hilfe in Mißerfolgsphasen, destruktive Kritik, zuwenig Formwechsel im Unterricht sowie gestörte Lehrer-Schüler- und Schüler-Schüler-Beziehungen. Des weiteren ist immer wieder zu beobachten, daß einzelne Schüler wegen familiärer Erziehungsfehler (z. B. Verwöhnung) oder aktueller Familienprobleme motivationsgestört sind (s. Kap. III, 1.3).
Gestörte Lernmotivation sollte Anlaß sein, zusammen mit den Schülern eine *Ursachenanalyse* durchzuführen (Meister 1977, S. 166 ff.). Da es schwierig ist, dies im Rundgespräch zu erarbeiten, sollten diagnostische Verfahren eingesetzt werden, die den Schülern das Äußern von Motiven erleichtern. So kann man die Schüler Kurzaufsätze schreiben lassen, deren Thema zum Beispiel lautet: „Warum fällt es mir zur Zeit so schwer zu lernen?" Je nach augenblicklicher Problematik kann es sich auf das gesamte schulische Lernen oder auf ein einzelnes Schulfach beziehen (Beispiel: „Warum fällt es mir so schwer, für Englisch zu lernen?"). Die Analyse solcher Motivaufsätze kann sehr aufschlußreich sein. So kann deutlich herauskommen, daß der motivhemmende Faktor in der Lehrer-

Schüler-Kommunikation liegt: Den Schülern mißfällt z. B. die Vielzahl destruktiver Kommentare.

Ebenso wie in Form eines Kurzaufsatzes kann die Motivanalyse in Form eines Briefes an den Lehrer durchgeführt werden. Der Lehrer bittet die Schüler darum, ihm brieflich auf die Frage zu antworten, warum es momentan mit der Lernlust so arg hapert.

Gute Erfahrungen sind auch mit Fragebögen gemacht worden, die nach dem Prinzip der unvollständigen Sätze aufgebaut sind (s. u.). Meist ist es so, daß in den Satzergänzungen der Schüler die Lern- und Schulmotive deutlich zum Ausdruck gebracht werden. Diesen Satzergänzungstest kann man mit einer motivationsschwierigeren Klasse wie auch mit einem einzelnen Problemschüler durchführen.

Die Ergebnisse der Motivationsanalyse sollten in gezielte Fördermaßnahmen umgesetzt werden (s. Kap. II, 2.2).

Bitte, schreibe die angefangenen Sätze zu Ende!

Wenn ich an die Schule denke, freue ich mich darauf, daß _____

_____

Die Schule würde mir mehr Spaß machen, wenn _____

_____

Wenn mir die Schule einfällt, kriege ich Angst, weil _____

_____

Das Fach _____ macht mir am meisten Spaß, weil _____

_____

Das Fach _____ macht mir am wenigsten Spaß, weil _____

_____

Wenn ich Lehrer wäre und wollte die Schüler zum Lernen anregen, dann würde ich _____

_____

Hausaufgaben _____

_____

Klassenarbeiten/Schulaufgaben _____

_____

18

1.4 Lernstrategien

Lern- und Leistungsschwierigkeiten können auch damit zusammenhängen, daß Schüler Lernstrategiedefizite aufweisen oder, einfacher ausgedrückt, das Lernen nicht gelernt haben. Wer keine effektiven Lernstrategien hat, wird große Mühe haben, sein Begabungspotential in adäquate Schulleistungen umzusetzen. Nach neueren Erkenntnissen der Schulerfolgsforschung beträgt der Anteil der Lernstrategien an der Schulleistung 30 bis 40 Prozent (s. Keller 1985).

Aufgrund der Tatsache, daß die Lernstrategie eine der wichtigsten Lernvoraussetzungen ist, hat sich die Lernforschung in den letzten Jahren immer mehr mit diesem Thema beschäftigt (O'Neil 1978; Mandl 1981; Metzig/Schuster 1982; Keller 1985; Schmeck 1988; Weinstein et al. 1988). Sie hat für verschiedene Zielgruppen (Schüler, Studenten, Berufstätige) Lernstrategieprogramme entwickelt und praktisch erprobt.

Lernstrategien dienen dazu, den Wissenserwerb zu steuern, zu erleichtern und zu verbessern. Man unterscheidet folgende Strategiearten:

- Selbststeuerungsstrategien (z. B. Zielsetzung)
- Organisationsstrategien (z. B. Zeitplanung)
- Gedächtnisstrategien (z. B. mehrkanalige Stoffaufnahme)
- Konzentrationsstrategien (z. B. regelmäßiges Einlegen von Pausen).

Bevor damit begonnen wird, Schülern Lernstrategien zu vermitteln, sollte zuvor eine *Lerndiagnose* durchgeführt werden. Einen Einblick in die Lernstrategie ermöglicht der Lernfragebogen (s. u.).

Er enthält elementare Strategien in Form von Aussagen. Der Schüler muß ankreuzen, in welchem Maße diese Aussagen auf ihn zutreffen. Aus den einzelnen Ankreuzungen ergibt sich ein *Lernprofil,* aus dem Änderungsziele abgeleitet werden können.

Darüber hinaus kann man auch ein *Lernmuster* (s. u.) vorgeben, in dem die wesentlichen Lernstrategien (Elementargrammatik des Lernens) aufgeführt sind. Die Schüler werden gebeten, dieses Lernmuster durchzulesen und jene Einzelstrategien zu markieren, die im bisherigen Lernverhalten kaum oder gar nicht vorhanden waren.

Beide Vorgehensweisen eignen sich sowohl für die klassenbezogene als auch für die individuelle Förderdiagnose. Daran sollte sich die Vermittlung von Lernstrategien anschließen.

Kurzfragebogen zum Lernverhalten

Im folgenden findest Du eine Reihe von Aussagen zum Lernen.
Kreuze bitte ehrlich an, in welchem Maße diese Aussagen auf Dich
zutreffen.

	nie	selten	manch-mal	häufig	immer
	1	2	3	4	5
Ich trage angesagte Klassenarbeiten in einen Terminkalender ein.	1	2	3	4	5
Ich bereite mich auf Klassenarbeiten/Schulaufgaben nicht erst am Tag vorher, sondern schon einige Tage früher vor.	1	2	3	4	5
Ich schreibe auf, welche Hausaufgaben zu erledigen sind.	1	2	3	4	5
Ich mache meine Hausaufgaben.	1	2	3	4	5
Ich kann selbständig lernen, ohne daß die Eltern mich drängen oder mir drohen müssen.	1	2	3	4	5
Bevor ich mit dem Lernen beginne, entferne ich ablenkende Dinge von meinem Lernplatz.	1	2	3	4	5
Wenn ich lerne, ist es leise.	1	2	3	4	5
Ich lege beim Lernen kleine Pausen ein.	1	2	3	4	5
Ich wiederhole alten Stoff, um Lernlücken zu schließen.	1	2	3	4	5
Lerntexte (z. B. Biologie, Erdkunde, Geschichte) präge ich nicht nur übers Durchlesen ein, sondern ich schreibe auch Wichtiges heraus.	1	2	3	4	5

	nie	selten	manch- mal	häufig	immer
	1	2	3	4	5
Ich bereite mich auf Mathearbeiten vor, indem ich viele Aufgaben gründlich durchrechne.	1	2	3	4	5
Ich lerne Vokabeln, indem ich sie sowohl laut lese als auch mehrmals schriftlich prüfe, bis sie sitzen.	1	2	3	4	5
Schwer einprägbaren Lernstoff merke ich mir, indem ich ihn durch Eselsbrücken vereinfache.	1	2	3	4	5

Lernmuster

Das folgende Lernmuster enthält eine Vielzahl geeigneter Lerntips. Lies diese genau durch, und unterstreiche diejenigen, die Du beim Lernen bisher kaum oder gar nicht beachtet hast! Also, wenn Du Dich auf Klassenarbeiten/Schulaufgaben meist erst ein oder zwei Tage vorher vorbereitest, so unterstreiche den Satz „Klassenarbeiten frühzeitig und in Portionen vorbereiten". Erprobe die unterstrichenen Tips beim täglichen Lernen! Wenn sie das Lernen erleichtern und verbessern, so wende sie künftig regelmäßig an!

Zeitplanung: Die wichtigsten Termine (z. B. Klassenarbeiten) in einen Terminkalender eintragen. Hausaufgaben immer notieren. Klassenarbeiten frühzeitig und in Portionen vorbereiten.

Hausaufgaben: Nicht gleich nach dem Mittagessen anfangen, sondern zunächst etwa eine halbe Stunde ausruhen. Möglichst zu festen Zeiten lernen. Zuerst die leichteren Aufgaben in Angriff nehmen. Wenn viel zu lernen ist, einen kleinen Tagesplan anfertigen. Abhaken, was erledigt ist.

Heftführung: Leserlich schreiben und sauber zeichnen. Überschrift und Datum nicht vergessen. Wichtiges durch Unterstreichen und Markieren hervorheben. Den Hefteintrag abschließend kontrollieren, damit nichts Falsches gelernt wird.

Lernpausen: Lernen nach dem Rhythmus von Anspannung und Entspannung. Nicht zu lange an einem Stück lernen, sondern immer wieder Pausen einlegen. In den Pausen Atem- und Körperübungen, Musik etc.

Lernfördernder Arbeitsplatz: Vor dem Lernen aufräumen, ablenkende Sachen weglegen. Das Musik- und Radiohören bei schwierigem Stoff vermeiden.

Mehrkanaliges Lernen: Nicht nur übers Anschauen und Durchlesen lernen, sondern Wichtiges herausschreiben, unterstreichen, zeichnen, in eigenen Worten zusammenfassen.

Lernstoffwechsel: Sich nicht zu lange mit demselben Stoff beschäftigen, sondern Pausen machen oder ein anderes Fach dazwischen schieben. Ähnliche Fächer nicht hintereinander lernen.

Lernkontrolle: Prüfen, ob das Gelernte sitzt: das Wichtigste in Stichworten wiedergeben, selbst Fragen stellen und beantworten, Übungsaufgaben lösen, sich abhören lassen.

Gedächtnisstützen: Bei schwer einprägbaren Lerninhalten Zeichnungen, Merkverse, Abkürzungen als Stützen verwenden. Beispiel: „Trenne nie st, das tut weh!"

Wiederholungslernen: Lücken, die nach Klassenarbeiten/Schulaufgaben sichtbar werden, durch sofortiges Wiederholen und Auffrischen schließen. Wichtigen, schwer merkbaren Lernstoff markieren oder in Lernkarteiform (Vorderseite: Frage – Rückseite: Antwort) bringen und immer mal wiederholen.

Vokabellernen: Vokabeln zunächst laut lesen und dann mehrmals schriftlich kontrollieren, bis sie sitzen. Nach acht bis zehn Vokabeln eine kleine Pause machen, insgesamt nicht mehr als 30 bis 40 pro Tag lernen. Schwer merkbare Vokabeln auf Lernkarten schreiben oder markieren und während des Schuljahres regelmäßig wiederholen.

Mathematiklernen: Das Mathematikheft sauber und übersichtlich gestalten. Haupt- und Nebenrechnungen voneinander trennen. Merksätze und Formeln besonders hervorheben. Schwierige Übungsaufgaben zu Hause nochmals schriftlich trainieren. Hausaufgaben an dem Tag machen, an dem sie aufgegeben wurden.

Textlernen: Lange Lerntexte nicht auf einmal lernen, sondern Schritt für Schritt: Überfliegen + gründlich lesen + Wichtiges schriftlich zusammenfassen + wiederholen + prüfen, ob wesentliche Textinhalte verstanden und gespeichert sind.

Literatur

Keller, G.: Lernen will gelernt sein!
Heidelberg: Quelle & Meyer 1984 (4. Auflage 1991).

1.5 Lerntypen

Manche Schüler haben einen Hirnbereich, in dem sie Lernstoff besonders gut aufnehmen, verarbeiten und abrufen können. Man nennt sie *Hör-, Lese-, Seh-* oder *Bewegungstypen*. Bei anderen Schülern, den sogenannten *Mischtypen*, sind mehrere Hirnbereiche gleichmäßig ausgeprägt. Oft wissen Schüler jedoch nicht, welchem Lerntyp sie angehören und lernen deshalb womöglich falsch.

Um den Lerntyp zu erkennen, kann ein *Lerntyptest* durchgeführt werden (Vester 1978), indem Schüler auf den Lernwegen Hören, Lesen, Sehen und Handeln Merkaufgaben gestellt werden. Hinterher findet jedesmal eine Erinnerungsprüfung statt. Und zwar in der Form, daß die im jeweiligen Hirnbereich aufgenommenen Informationen schriftlich erinnert werden müssen. Nach jeder Erinnerungsprüfung wird ermittelt, wie viele Wörter richtig sind (die Reihenfolge spielt dabei keine Rolle). Die Anzahl der richtig erinnerten Wörter des betreffenden Bereiches wird anschließend auf dem Ergebnisblatt (s. u.) angekreuzt.

Der Lerntyptest läuft folgendermaßen ab:

Lernbereich Hören:

10 Wörter langsam vorlesen (30 Sek.)
Pause (10 Sek.)
Wörter schriftlich erinnern lassen (1 Min.)

HANDTUCH – KLAVIER – FINGERHUT – OFEN – FENSTER – DECKE – GRIFF – MANTEL – RASEN – KAMIN

Lernbereich Lesen:

10 auf Plakate geschriebene Wörter nacheinander zeigen (30 Sek.)
Pause (10 Sek.)
Wörter schriftlich erinnern lassen (1 Min.)

PFENNIG – WASCHLAPPEN – SCHLÜSSEL – HEFT – APFEL –
MESSER – SCHALLPLATTE – BLEISTIFT – MÜTZE – KNOPF

Lernbereich Sehen:

10 Gegenstände nacheinander zeigen (30 Sek.)
Pause (10 Sek.)
Wörter schriftlich erinnern lassen (1 Min.)

GABEL – KERZE – TUBE – LÖFFEL – RADIERGUMMI –
SCHNUR – TASCHENTUCH – PUPPE – LINEAL – SCHERE

Lernbereich Schreiben:

10 Wörter diktieren, die der Schüler untereinander schreiben muß; anschließend das Blatt umdrehen lassen (30 Sek.)
Pause (10 Sek.)
Wörter schriftlich erinnern lassen (1 Min.)

ROLLER – FAHNE – EI – BROT – HAUS – STUHL – UHR –
LAMPE – BRIEF – SCHAUFEL

Nachdem die Lerntypentestung zu Ende ist, werden die Ergebnispunkte zum Lernmuster verbunden (s. u.) Die Frage lautet nun, ob das Lernmuster einen ganz bestimmten Lerntyp erkennen läßt. Dies ist der Fall, wenn in einem Lernbereich mindestens *ein* Erinnerungspunkt mehr als in den übrigen erzielt worden ist. Ansonsten liegt ein Mischtyp vor. Wenn die Antwort gefunden ist, wird überlegt, ob das bisherige Lernverhalten dem Lerntyp entspricht. Stellt jemand zum Beispiel fest, daß er ein Bewegungstyp ist, den Lernweg Schreiben beim häuslichen Lernen aber nur selten benutzt, sollte er daraus Konsequenzen ziehen. Das heißt, er müßte Vokabeln häufiger schriftlich kontrollieren, schwierige Mathematikaufgaben nochmals Schritt für Schritt rechnen oder Lerntexte in Form von Skizzen, Merksätzen oder Tabellen schriftlich zusammenfassen.
Die Auswertung darf jedoch nicht zur Schlußfolgerung führen, beim Lernen brauche nur noch der starke Lernbereich benutzt werden. Damit der Lernstoff fest verankert wird, muß auch in den übrigen Lernbereichen gelernt werden. Und wer ein Mischtyp ist, sollte möglichst gleichmäßig von den verschiedenen Lernwegen Gebrauch machen, das heißt, mehrkanalig lernen.

Ergebnisblatt:

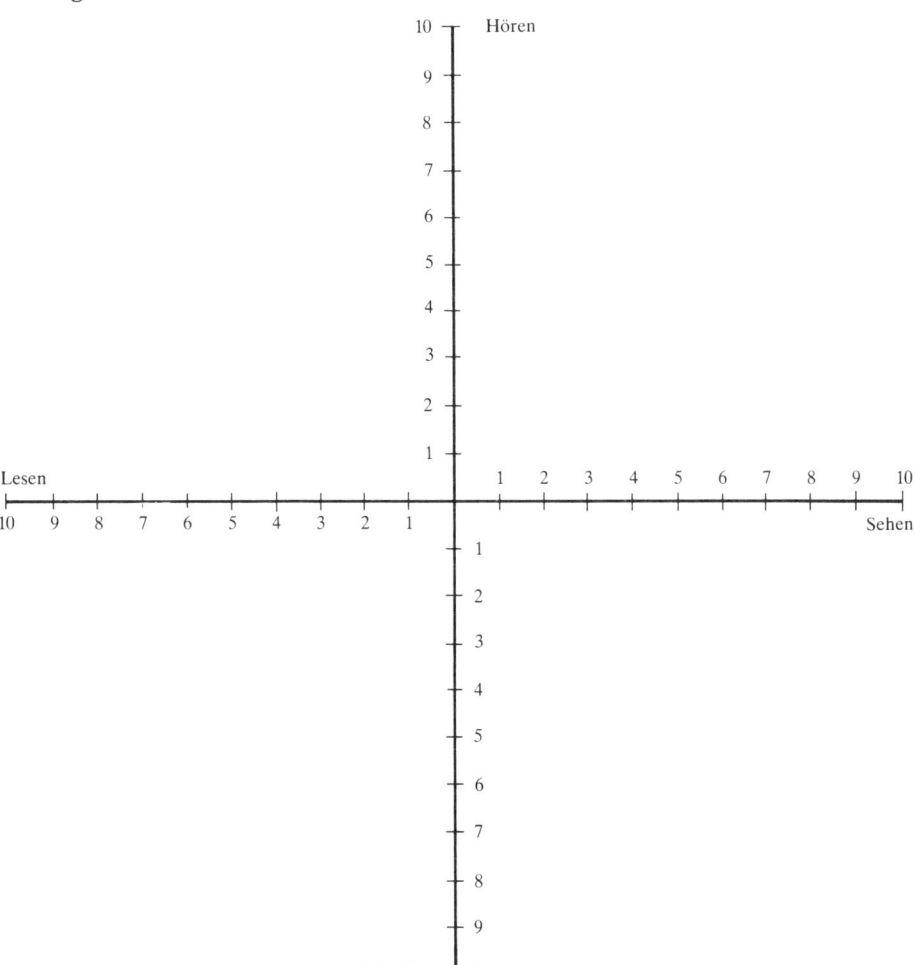

Abb. 2: Ergebnisblatt zum Lerntyptest

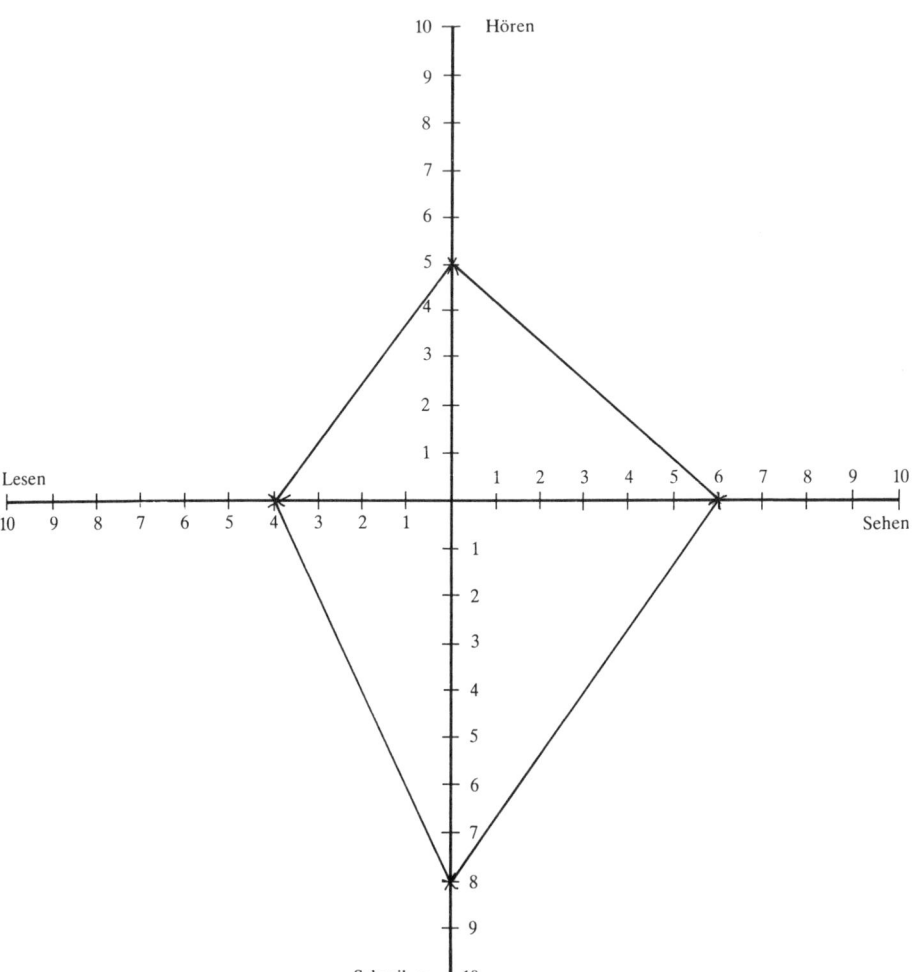

Abb. 3: Beispiel eines eindeutigen Lerntyps

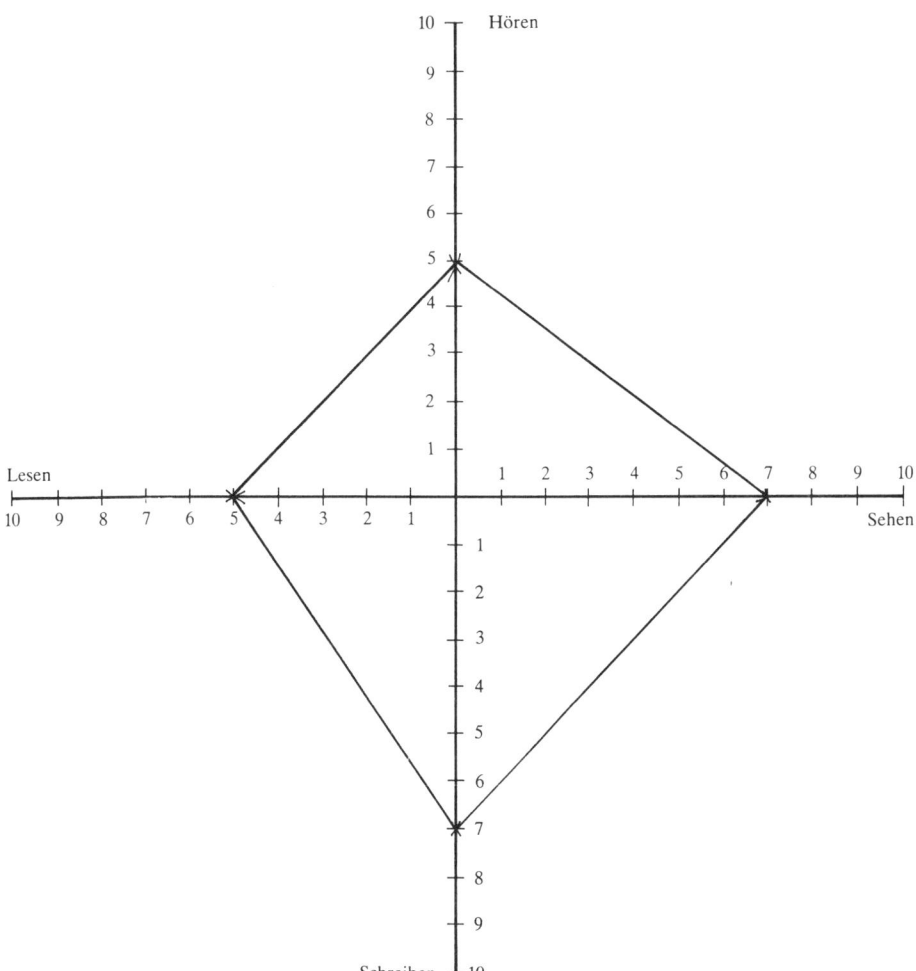

Abb. 4: Beispiel eines Mischtyps

1.6 Lernbarrieren

Wenn trotz schulischer Lernförderung und außerschulischer Lernhilfe Lern- und Leistungsstörungen anhalten, liegt eine Lernbarriere vor. Bevor weitere Schritte zur Überwindung dieser Barriere in Angriff genommen werden, sollte in Zusammenarbeit mit dem Schulpsychologen oder Beratungslehrer der Lernstörung genauer auf den Grund gegangen werden.

Eine erste Hypothese könnte lauten, daß der Schüler aufgrund von *allgemeinen oder partiellen Intelligenzdefiziten* adäquate Schulleistungen nicht erbringen kann. So ist es möglich, daß schlechte Mathematikleistungen mit mangelnder Abstraktionsfähigkeit zusammenhängen.

Wenn ein Schüler in der Anfangsphase der Grundschule gravierende Lese-Rechtschreibschwierigkeiten zeigt, müßte die Hypothese geklärt werden, ob dem Symptombild eine *Teilleistungsschwäche* zugrundeliegt. Teilleistungsschwäche heißt, daß für das Erlernen des Lesens und Schreibens notwendige Grundleistungen wie die Wahrnehmung, die Merkfähigkeit oder visu-motorische Koordination schlecht ausgebildet sind. So kann es sein, daß Schwierigkeiten beim Unterscheiden spiegelbildlicher Buchstaben (b/d; g/q) mit einer Raum-Lage-Labilität zusammenhängen. Nicht selten steckt eine *minimale cerebrale Dysfunktion* (MCD) dahinter, die zum Beispiel als Folge von Geburtskomplikationen (z. B. Sauerstoffarmut) auftreten kann.

Fällt ein Schüler durch *Konzentrationsstörungen* auf, die sich in beinahe allen Fächern zeigen, muß der Fachmann prüfen, ob eine *Hyperaktivität* vorliegt. Diese überstark ablenkbaren, übererregbaren und motorisch unruhigen Kinder haben nicht selten hirnorganische Beeinträchtigungen, bedingt durch plazentare Störungen, Geburtsverletzungen, Gehirnhautentzündungen oder Umweltgifte.

Befindet sich ein Schüler in einem entmutigenden, demotivierten Zustand, müssen die Bedingungen dieser *emotionalen Lernstörung* ebenfalls gründlich analysiert werden. Zum einen ist es möglich, daß der Schüler durch unglückliche, destruktive Kommentierung seiner schlechten Leistungen in seinem Selbstwertgefühl so verletzt worden ist, daß sich die Botschaften („Du bist eine Niete!") zu selbstentmutigenden Autosuggestionen („Ich bin eine Niete") verinnerlicht haben. Zum anderen kann es auch sein, daß gestörte Lehrer-Schüler-Beziehungen oder Schüler-Schüler-Beziehungen die Lernenergie blockieren.

Zuletzt sollte auch immer eruiert werden, ob die Lern- und Leistungsproblematik mit gestörten Familienverhältnissen zu tun hat (s. Kap. III 1.3). So gibt es Kinder und Jugendliche, die eine Lernstörung inszenieren, um auseinanderdriftende Eltern zusammenzuhalten. Insbesondere dann, wenn sie herauskriegen, daß die Eltern eine Trennung nicht wagen, weil sie eine weitere Verschärfung der Schulproblematik befürchten.

Fallbeispiele

Benjamin besucht die Klasse 4; er fällt sowohl in der Schule als auch zu Hause durch massive Konzentrationsstörungen auf. Er hat wenig Durchhaltevermögen, arbeitet sehr flüchtig und macht insbesondere in Diktaten viele Leichtsinnsfehler. Die Eltern und die Lehrer haben seit Grundschulbeginn mit unterschiedlichen Erziehungsmaßnahmen versucht, Benjamin zu einer konzentrierteren Lern- und Arbeitshaltung zu verhelfen. Dieses ständige Appellieren und Korrigieren hat so gut wie keine Fortschritte erbracht.

Benjamin wird nach diesen erfolglosen erzieherischen Bemühungen dem Schulpsychologen vorgestellt. Aus der Untersuchung kristallisierte sich die Hypothese heraus, daß Benjamins Konzentrationsproblem durch eine minimale cerebrale Dysfunktion (MCD) verursacht sein könnte. Für diese Hypothese sprechen ein schwerer Schädelbruch im zehnten Lebensmonat sowie Auffälligkeiten in einem neuro-psychologischen Funktionstest. Eine kinderneurologische Untersuchung im Anschluß daran erhärtet die Verdachtsdiagnose, und zwar insbesondere aufgrund eines abnormen EEG.

Doris ist Neuntkläßlerin an einer Realschule. Bis zum Ende der Klasse 8 war sie eine unauffällige, nie versetzungsgefährdete Schülerin, deren Durchschnittsnote meist zwischen 2,5 und 3,0 lag. Seit Beginn der Klasse 9 hat sie plötzlich eklatante Schwierigkeiten in Deutsch und Mathematik. Obwohl sie wie bisher kontinuierlich und gründlich lernt, steht sie in beiden Fächern auf Fünf.

Um zunächst zu überprüfen, ob der Grund der Leistungskrise in einer begabungsmäßigen Überforderung liegt, wird mit Doris ein Intelligenztest durchgeführt. Aus dem Gesamt- und den Untertestergebnissen ist zu entnehmen, daß Doris genügend Potential hat, um die Realschule erfolgreich zu bewältigen. Eine danach durchgeführte Lern- und Arbeitsverhaltensdiagnose ergibt, daß es Doris weder an der notwendigen Lernmotivation noch an wirksamen Lernstrategien mangelt.

Im weiteren Verlauf der Ursachenanalyse wird allmählich eine emotionale Lernbarriere sichtbar. Sie besteht darin, daß sowohl der Deutschlehrer als auch der Mathematiklehrer Doris durch destruktive Kommentare entmutigt haben. So hat der Deutschlehrer bei der Rückgabe des ersten Aufsatzes, den er mit Fünf benotete, zu ihr gesagt: „Du schreibst naiv wie eine Fünftkläßlerin." Und der Mathematiklehrer hat sie in der ersten Schuljahreswoche, als sie eine Übungsaufgabe an der Tafel rechnen sollte

und den Lösungsweg nicht fand, mit folgender Botschaft gekränkt: „Du kannst nicht denken. Suche dir lieber eine Lehrstelle!"
Diese „Killerbotschaften" haben Doris, die sehr sensibel ist, so verunsichert, daß sie das Vertrauen in ihre Leistungsfähigkeit verlor und in die Klassenarbeiten in den beiden Problemfächern mit einem hohen Maß leistungsblockierender Angst geht.

Mißerfolgsserie
„Einige schlechte Mathearbeiten"

Mangelnde Lernmotivation

„Auf Mathe zu lernen, lohnt nicht. Von der Fünf komme ich ja doch nicht runter."

Destruktive Kommentare

„Du bist rechenschwach . . ."
„Die Mathematik hast Du wohl nicht erfunden!"

Negative Autosuggestionen
„Ich bin rechenschwach." . . .
„Ich bin halt mathematisch nicht begabt."

Abb. 5: Beispiel einer emotionalen Lernbarriere

2 Lernförderung

Wenn die Diagnose der Lernvoraussetzungen die Erkenntnis erbracht hat, daß dem Problem keine gravierende Störung zugrunde liegt, kann der Lehrer sich eine *Problemlösung* zumuten.
Diese sollte dort ansetzen, wo in der Problemanalyse Defizite sichtbar geworden sind. Die sich daraus ergebenden Änderungsziele können darin bestehen,

– Unterrichtsstoff so anzubieten, daß er von den Schülern begriffen werden kann,
– die Schüler so zu motivieren, daß sie ihre Energien auf Lernziele ausrichten,

30

– Strategien anzuwenden *und* zu vermitteln, die den Lernprozeß erleichtern, steuern und verbessern helfen,
– Entspannungstechniken einzusetzen, die das Gleichgewicht von Anpassung und Entspannung erhalten helfen.

Im folgenden werden nun Lösungsstrategien aufgezeigt, die der Schulpraktiker verwenden kann, um die eben genannten Änderungsziele zu erreichen. Schließlich wird auch eine Antwort auf die Frage gegeben, was getan werden kann, wenn sich ein Problem innerschulisch nicht lösen läßt.

2.1 Entwicklungsgemäßes Unterrichten

Erste Voraussetzung für erfolgreiches Lernen ist, daß Schüler den Lernstoff verstehen. Ist das grundsätzliche Verständnis nicht vorhanden, kann der Lernstoff nicht ins Langzeitgedächtnis gelangen und er kann auch nicht bei der Lösung von Problemen angewandt werden. Deshalb muß es Unterrichtsprinzip sein, das Unterrichtsangebot dem kognitiven Entwicklungsstand der Schüler anzupassen. Unter dem Entwicklungsstand einer Altersstufe ist ein aus vielen Einzelentwicklungen errechneter Durchschnittswert zu verstehen. Als Maßgabe soll uns Piagets Modell der Denkentwicklung dienen (s. Piaget/Inhelder 1986).
Wer Grundschüler unterrichtet und ihnen das Operieren mit Zahlen, den Umgang mit Buchstaben und Begriffen vermitteln möchte, muß berücksichtigen, daß sie gerade erst die Stufen des handelnden und vorbegrifflichen Denkens hinter sich haben. Sie befinden sich jetzt in der Anfangsphase des konkret-operationalen Denkens. Das heißt, es fällt noch vielen Kindern schwer, im Kopf zu operieren. Bei der Aneignung geistiger Operationen bedürfen sie deshalb der geduldigen Unterstützung und vielfältiger Handlungsgelegenheiten und Anschauungshilfen. So zum Beispiel, wenn sie

– mit dem Abakus das Subtrahieren und Addieren lernen,
– sich durch Faltübungen den Symmetriebegriff aneignen,
– mit dem Setzkasten die Wortsynthese erlernen.

Bis diese ersten konkreten Operationen und Begriffe sicher beherrscht werden, ist noch viel Übungsarbeit vonnöten.
Wenn *gegen Ende der Grundschule und in den beiden ersten Jahren der weiterführenden Schulen* die Wissensvermittlung immer mehr zunimmt, sollte strikt auf *induktives Vorgehen* geachtet werden (Gage/Berliner 1986, S. 160). Induktiv bedeutet, daß Schüler dieser Altersstufe viele

Beispiele und gezielte Anknüpfung an ihre Erfahrung brauchen, um Regeln und Prinzipien zu verstehen. Und sie benötigen immer wieder anschauliche Erläuterungen, wenn Fachbegriffe eingeführt und verwendet werden.

Erst *nach der sechsten Klasse,* wenn der Übergang ins Stadium der formallogischen Operationen beginnt, können höhere Ansprüche an die Denkleistungen gestellt werden, insbesondere im *Gymnasium* und in der *Realschule.* In wohldosiertem Maße kann jetzt auch *deduktiv* vorgegangen werden, und es kann auch auf der abstrakten Denkebene operiert werden. Sobald aber der Großteil der Klasse Verständnisschwierigkeiten zeigt, sollte auf die unmittelbare Anschauung zurückgegangen werden.

In der *Hauptschule* und den darauf aufbauenden *Berufsschulen* muß auch weiterhin stark *handlungs- und anschauungsbezogen* unterrichtet werden. Ein Großteil der diese Schularten besuchenden Jugendlichen erreicht das Stadium des Abstrahieren-Könnens kaum oder gar nicht.

In der *Sekundarstufe II,* also nach der 11. Klasse, kann in noch stärkerem Maße *abstraktes, hypothetisches Denken* verlangt werden. Und die Anzahl der unterstützenden Eingriffe kann weiter reduziert werden. Dennoch gibt es Lehr- und Lernphasen, in denen immer wieder Veranschaulichungen und handelnde Verdeutlichungen unerläßlich sind. Dies gilt auch für den Problemlösungsprozeß, und zwar zum Beispiel, wenn die Aufgabe durch eine Skizze lösbar gemacht werden muß.

Schließlich soll noch einem Mißverständnis vorgebeugt werden, nämlich dem, daß Entwicklungsgemäßheit maximale Erleichterung bedeutet. So verstanden, würde dies über kurz oder lang zur Unterforderung führen. Nein, entwicklungsgemäßes Unterrichten heißt, die Ansprüche an seine Denkfähigkeit so zu stellen, daß er weder unter- noch überfordert wird.

Übung

1. *Konzentriert durchlesen!*

Ein Tunnel wird 2,936 km lang.

Die Bohrung wird von beiden Seiten durchgeführt.

Nach drei Monaten ist die eine Arbeitskolonne 1 km und 15 m, die andere 0,893 km vorgedrungen.

Wie weit sind die beiden Bohrtrupps noch voneinander entfernt?

2. *Was ist gegeben?*

3. *Was ist gesucht?*

4. *Stelle den Text in Form einer Zeichnung dar:*

5. *Rechnung:*

6. *Antworten:*

2.2 Motivierendes Unterrichten

Die Motivation liefert dem Lehr-Lern-Prozeß jene Energie, die er braucht, um in Gang zu kommen und Ziele zu erreichen. Fehlt diese Energie, so ist die eine Möglichkeit, die Schüler zu motivieren, indem man sie unter Druck setzt und Angst erzeugt. Entscheidender Nachteil dieser Strategie ist, daß die Wirkung nur von kurzer Dauer ist und die Maßnahme immer wieder mit Frustration auf beiden Seiten wiederholt werden muß. Die zweite Möglichkeit besteht darin, der Motivationsproblematik auf den Grund zu gehen und je nach Ursachenschwerpunkt *Motivierungsstrategien* einzusetzen, die länger andauernde Motivänderungen und eine positive Lernatmosphäre erzeugen.

Im folgenden werden Motivierungsstrategien vorgestellt, die sich in der Erziehungs- und Unterrichtspraxis als wirksam erwiesen haben. Zum einen handelt es sich um Strategien, die durch *adäquate Rückmeldung* den Schüler zu motivieren suchen. Zum anderen wird aufgezeigt, wie man Lernstoff so darbietet, daß Schüler Spaß an der Sache bekommen, was fachsprachlich als *intrinsische Motivation* bezeichnet wird.

Wer Schüler motivieren möchte, darf schließlich nicht vergessen, seine eigene Motivation zu reflektieren. Denn jede noch so gute Motivierungsstrategie nützt nichts, wenn der Lehrer nicht selbst motiviert ist. Strategie und Person sollten sich also möglichst im Einklang befinden!

2.2.1 Positive Verstärkung

Positive Verstärkung bedeutet, daß positive Konsequenzen zur Wiederholung eines Verhaltens motivieren. Zum Beispiel kann dies der Fall sein, wenn eine Mutter einen Grundschüler lobt, weil er eine Lernaufgabe ohne ihre Hilfe selbständig bewältigt hat. Eine Verstärkung ruft nicht nur Gefühle wie Freude oder Stolz hervor, sondern sie schafft Anreize und Belohnungserwartungen für späteres Verhalten.

Es gibt vielerlei Möglichkeiten, die Lern- und Leistungsmotivation durch positive Verstärkung aufzubauen. Bekommt ein Schüler für eine sehr gute Klassenarbeit ein Spielzeug geschenkt, handelt es sich um eine *materielle*

Verstärkung. Nickt der Lehrer nach einer richtigen Schülerantwort anerkennend, handelt es sich um eine *nonverbale Verstärkung.* Würdigt er die Leistung eines Schülers mit den Worten „Das hast Du gut formuliert", spricht man von *verbaler Verstärkung.* Wird die Klasse für gute Mitarbeit mit einem Lernspiel belohnt, so ist dies eine *Aktivitätsverstärkung.* Alle diese Verhaltenskonsequenzen können die Lernbereitschaft bedeutsam stärken.

Wer die Lernmotivation durch positive Verstärkung fördern möchte, sollte jedoch einige *Grundregeln* beachten. Erstens sollten Verstärker nicht zu häufig, sondern in Intervallen verabreicht werden. Zweitens müssen sie dem Alter des Schülers angemessen sein. Drittens sollte die Verstärkung kontingent, im Anschluß an das positive Verhalten erfolgen. Viertens muß die Verstärkung echt und ehrlich zum Ausdruck gebracht werden. Und fünftens sollte die Verstärkung auf die Persönlichkeit des Schülers zugeschnitten sein. Letzteres setzt voraus, daß man die Bedürfnisse, Vorlieben und Einstellungen des Schülers kennt.

Positive Verstärkung ist nach wie vor das Motivierungsmittel, das in der Aufbauphase eines Verhaltens am meisten wirkt. Es darf jedoch nicht versäumt werden, diese extrinsische Motivierung nach und nach zugunsten einer selbstverstärkenden intrinsischen Motivierung abzubauen.

Übung

Situation	Verbaler Kommentar
Carmen mußte einen Absatz im Englischbuch lesen. Sie tat dies ohne Lesefehler und mit deutlicher Aussprache. Die anschließenden Textverständnisfragen hat sie inhaltlich und grammatisch korrekt beantwortet.	*Formulieren Sie ein Lob!*

2.2.2 Ermutigung

Es gibt Schüler, die durchaus anstrengungsbereit sind, aber aufgrund von Mißerfolgserlebnissen motivationsgestört sind. Kennzeichen dieser ganz speziellen Motivationsstörung ist eine *von Entmutigung dominierte Grundstimmung.* In diese geraten Schüler nicht selten durch entmutigende Kommentare der Lernumwelt. Besonders schädlich sind jene, die dem Mißerfolgsschüler suggerieren, es mangele ihm an den notwendigen Fähigkeiten:

„Du scheinst die Mathematik nicht erfunden zu haben!"
„Du gehörst nicht aufs Gymnasium!"
„Dein Stil ist hanebüchen!"
„Du sprichst ein fürchterliches Kauderwelsch!"
„Dir fehlen ein paar entscheidende Gehirnzellen!"

Egal, ob diese Kommentare von Lehrern, Eltern oder Mitschülern kommen, sie zerstören über kurz oder lang das Selbstwertgefühl des Schülers. Was die anderen ihm suggerieren, glaubt er schließlich selbst. Eines Tages sagt er zu sich: „Aha, so einer bin ich." Die entmutigenden Kommentare haben sich zu einer *destruktiven Autosuggestion* verinnerlicht.

Wenn ein Schüler in einer Mißerfolgsserie steckt, muß jeder Kommentar sorgsam überlegt werden. Insbesondere dann, wenn es sich um einen sensiblen und suggestiblen Schüler handelt. Was dieser Schüler jetzt braucht, ist Ermutigung. Sie ist die häufigste und dringendste „Aufgabe für einen Lehrer" (Dreikurs et al. 1983, S. 177).

Ermutigung erfordert vom Erziehenden ein hohes Maß an Einfühlungsvermögen. Sie bedeutet zunächst einmal, daß der Schüler in der Situation des Versagens Verständnis, Unterstützung und Hilfe erhält. Schon allein die Frage „Wie kann ich Dir helfen?" kann ein wichtiges, ermutigendes Signal sein. Will man Mißerfolgsschülern helfen, reicht eine punktuelle Ermutigung allerdings nicht aus. Hinzu kommen muß eine *kontinuierliche Aufbauarbeit*. Jeder positive Ansatzpunkt muß gewürdigt werden. Und es müssen Erfolgsgelegenheiten geschaffen werden. „Für ein entmutigtes Kind ist schon der kleinste Erfolgsbeweis ein starkes Antriebsmittel, denn es hat selten Erfolge gehabt und ist überzeugt, daß es nie so weit kommen würde" (ebd., S. 80).

Entscheidend bei der emotionalen Aufbauarbeit ist, daß jede Note, die besser ausfällt als der Ausgangsnotenstand, gewürdigt wird. Eine Vier bis Fünf statt bis Fünf sollte nicht nur am Klassendurchschnitt, sondern an der bisherigen Leistungsentwicklung gemessen werden. Wichtig ist auch, daß die Leistungsbesserung dem Schüler als Lohn seiner Anstrengung und als Beweis seiner Fähigkeiten vor Augen gehalten wird. Denn die Gefahr ist immer noch da, daß der mißerfolgsorientierte Schüler die bessere Note auf Zufall oder leichtere Schwierigkeitsgrade zurückführt und somit das Selbstbild von der mangelnden Begabung erhalten bleibt (s. Rheinberg

1980). Entmutigte Schüler fühlen sich dem Mißerfolg und dessen Ursachen so stark ausgeliefert, daß sie die Hoffnung auf Erfolg weitgehend aufgegeben haben.

Die Ermutigungsarbeit muß auch durch *Lernhilfen* und *Lernberatung* (Keller 1985) ergänzt werden. So kann auf der Basis der zuletzt geschriebenen Klassenarbeiten eine Fehleranalyse durchgeführt werden. Ziel ist die Identifizierung der Fehlerschwerpunkte und die Entwicklung eines Wiederholungsprogrammes, das dem Schüler die Schließung von Lernlücken erleichtert. Die Vermittlung effektiverer Lerntechniken kann den lernpsychologischen Genesungsprozeß bedeutsam fördern helfen.

Was tun, wenn auch konstruktive Kritik Faulheit nicht verändern kann? Dann nützt oft nur noch die zeitweilige Reduzierung oder Entziehung von Annehmlichkeiten. Das Spüren-Lernen von negativen Konsequenzen kann zu einer Wiederbelebung der Anstrengungsbereitschaft führen. Werden aber nicht gleichzeitig die der Motivationsstörung zugrunde liegenden Beziehungs- und Sinnprobleme im Gespräch aufgearbeitet, ist der Erfolg des *Verstärkerentzugs* oft nur von kurzer Dauer.

In Fällen sehr *chronischer Leistungsverweigerung* kann bisweilen auch Verstärkerentzug keine Änderung bewirken. Dann muß der Schüler ganz aus seinen Konsequenzen lernen. Dies heißt konkret, daß er eine Nichtversetzung oder das Verlassen einer Schulform bzw. die Nichterreichung eines höheren Bildungsabschlusses in Kauf nehmen muß. Oft korrigieren die nun in anderen Lern- und Lebenswirklichkeiten gesammelten Erfahrungen bisherige Lerneinstellungen. Irgendwann holen solche Schüler, aus einer gewandelten Bildungsmotivation heraus, die versäumten Bildungsabschlüsse nach.

Situation	Verbaler Kommentar
Thomas hatte in diesem Schuljahr einen schlechten Start in Mathematik. In den ersten beiden Arbeiten schrieb er jeweils eine Fünf. Diese Scharte möchte er in der dritten Arbeit unbedingt auswetzen. Er bereitet sich darauf rechtzeitig und gründlich vor. Während der Klassenarbeit macht er einen nervösen Eindruck. Er springt von einer Aufgabe zur anderen. Ergebnis: 4–5. Thomas ist maßlos enttäuscht.	*Formulieren Sie eine ermutigende Botschaft!*

2.2.3 Konstruktive Kritik

Läßt die Lernbereitschaft sehr zu wünschen übrig oder bleibt sie eine Zeitlang völlig aus, kann Kritik ein Motivierungsmittel der Wahl sein. Kritik sollte jedoch immer sparsam verwendet werden. Denn je häufiger und je massiver kritisiert wird, desto stärker wird die Lehrer-Schüler- bzw. Eltern-Kind-Beziehung gestört. Folge davon kann sein, daß das Vertrauen zerstört wird, zu Hause Noten verheimlicht werden und affektive Blockaden die Lern- und Leistungsmotivation endgültig zerstören. Schüler sind dann bereit, Kritik anzunehmen, wenn aus der Botschaft eindeutig hervorgeht, daß die Kritik auf das Fehlverhalten gerichtet und diesem angemessen ist. In diesem Falle spricht man von *konstruktiver Kritik*. Wird der Schüler aber durch den Tadel als Person verdammt und veletzt, indem er zum Beispiel als der letzte Taugenichts hingestellt wird, handelt es sich um eine *destruktive Kritik*. Ihr mangelt es an der nichtverdammenden Grundakzeptierung, die der konstruktiven Kritik noch innewohnt. Die konstruktive Kritik bringt zum Ausdruck: „Ich mag dich weiterhin, aber ich mag dein Fehlverhalten nicht." Die destruktive Kritik verdammt die Person samt dem Fehlverhalten. Sie bringt Beziehungsbrücken zum Einsturz, läßt den Schüler oft nach Rache sinnen und verstärkt Leistungsverweigerungen. Die Annahme konstruktiver Kritik wird erhöht, wenn sie mit einem

Teillob verknüpft wird (Roth 1983). Wenn ein Schüler bei ein und demselben Lehrer in Mathematik gut mitarbeitet, in Physik jedoch nicht, könnte die konstruktive Kritik so lauten: „Ich würde mich freuen, wenn du in Physik genausogut mitarbeiten würdest wie in Mathematik."

Beachtet werden sollte auch, daß der Abstand zwischen der kritisierenswerten Handlung und der Kritik nicht zu lange wird. Sofort zu kritisieren, ist aber nicht immer gut. Insbesondere dann, wenn dies vor der Klasse oder in Gegenwart anderer Geschwister geschieht. Dies wird von sensiblen Schülern oft als Bloßstellung erlebt, was die motivierende Wirkung der Kritik wieder zunichte machen kann. In diesem Falle ist es besser, die Kritik dem Schüler an einem separaten Ort mitzuteilen.

Übung

Situation	Verbaler Kommentar
Marco, der in Deutsch zu meinen besten und aktivsten Schülern zählt, macht heute in Erdkunde mal wieder einen lustlosen Eindruck. Auf eine relativ leichte Frage kommt nichts außer Achselzucken.	*Formulieren sie eine konstruktive Kritik:*

Neugierweckung

Der Mensch hat ein angeborenes Streben nach Reizzufuhr. Das Neugierbedürfnis hat dieselbe Triebstärke wie Hunger, Durst und Sexualität. Alles, was neu, überraschend und abwechselnd ist, aktiviert und motiviert den Menschen, befriedigt die aus der Langeweile stammende Bedürfnisspannung.

Wenn das Neugierbedürfnis der Schüler nicht befriedigt wird, verschaffen sie sich die notwendige Reizzufuhr selbst. Eine Möglichkeit der Bedürfnisbefriedigung ist der Tagtraum, eine andere Möglichkeit die Disziplinstörung in Form von Schwätzen oder Clownerien.

Die Neugierweckung ist keine leichte Aufgabe, da das Neugierbedürfnis unserer Kinder und Jugendlichen heutzutage im außerschulischen Bereich optimal befriedigt wird, und zwar durch ein reichhaltiges Angebot an

Spielen, Medien und Aktivitäten. Die Konsequenz aus dieser Feststellung soll nun nicht sein, daß der Unterricht wie eine Show-Veranstaltung aufgezogen werden soll. Aber der Lehrer muß sich dennoch mehr Gedanken darüber machen, wie er den Lernstoff motivierend verpacken kann, indem er

– die Schüler ein Prinzip entdecken läßt, statt es gleich darzubieten und zu erklären,
– bewußt Widerspruch erzeugt („Das Wasser kann auch die Wand hinauflaufen".),
– das Thema in Form einer interessanten Geschichte einleitet,
– etwas Unerwartetes tut („ein Thema pantomimisch darstellen.")

Übung

Überlegen Sie für eine der kommenden Unterrichtsstunden einen paradoxen Einstieg!

2.2.5 Interessenanknüpfung

Motivationsprobleme können auch damit zusammenhängen, daß es dem einzelnen Schüler an Interesse für ein Fach bzw. für einen Lerninhalt mangelt. Das Interesse ist eine entwickelte und verfeinerte Form von Neugier. Es ist eine emotional tiefgreifende Beziehung zwischen dem Schüler und einer Sache. Sie wird in der Fachsprache der pädagogischen Psychologie als *intrinsische Motivierung* bezeichnet. Intrinsisch motiviert sein bzw. interessiert sein bedeutet, daß der Lernende das Fach oder die Sache in sich als spannend, herausfordernd und befriedigend erlebt.

Warum manche Schüler sich von einem Fach oder Fachinhalt nicht motivieren lassen, kann zum einen daran liegen, daß sie einen anderen Interessenschwerpunkt haben, was nach dem 11./12. Lebensjahr ein ganz normales Entwicklungsmerkmal ist. Darüber hinaus kann die Interessenstörung auch dadurch zu erklären sein, daß im Moment, vielleicht aufgrund falscher Stoffdarbietung oder mangelnder Interessenweckung, die emotionale Beziehung zwischen dem Gegenstand und den Interessen noch nicht hergestellt ist.

Wer Schüler motivieren möchte, muß gezielt überlegen, an welche *außerschulischen Interessen* sich Unterrichtsinhalte anknüpfen lassen. Es schadet nicht, mal das Thema „Interessen" zum Gegenstand eines Unterrichtsgespräches zu machen, um die Interessen der Schüler genauer zu erfahren. Zur Unterstützung dieses Erfahrungsprozesses könnte eine schriftliche Kurzbefragung (siehe S.) förderlich sein. Am besten läßt sich diese in Form eines Kurzaufsatzes durchführen. Das Thema könnte lauten: „Welche Hobbys habe ich?"

2.2.6 Aktivieren

Der Mensch verfügt auch über einen Aktions- bzw. Tätigkeitstrieb. Er nimmt täglich Nahrung auf und bildet dadurch ein Energiepotential, das umgesetzt sein möchte. Hat er nicht genügend Betätigungsmöglichkeiten, kommt es zu Motivations- und Verhaltensstörungen. Er gleicht dann dem „Vogel im Käfig".

Das natürliche Aktionsbedürfnis wird vor allem durch *mangelnden Formwechsel* frustriert. So hat Hage (1986) herausgefunden, daß die Unterrichtsform leider immer noch sehr monoton aussieht.

Ergebnis seiner Studie ist, daß der Unterricht aus folgenden Formen besteht:

- 77% Lehrervortrag,
- 10% Einzelarbeit,
- 7% Gruppenarbeit,
- 3% Partnerarbeit.

Fehlender Formwechsel produziert unweigerlich *demotivierende Aktivitätsstaus*, die sich in Motivations- und Disziplinschwierigkeiten entladen. Deshalb muß die Unterrichtsform öfter gewechselt werden. Und es müssen vor allem *handelnde Elemente* eingebaut werden, die dem Tätigkeitstrieb und der Funktionslust des Schülers gerecht werden.

Eine hervorragende Möglichkeit zur Aktivierung der Schüler bietet das Lernspiel (s. u.).

Lernspiele

1. Das Lernspiel unterscheidet sich von anderen Lehr-Lern-Methoden durch die unterhaltende und erheiternde Tätigkeitsform. Es kommt dem natürlichen Spielbedürfnis des Menschen entgegen.
2. Lernspiele fördern die Lernmotivation bzw. steigern die Lernlust. Durch Lernspiele erfährt und erlebt der Schüler, daß Schule auch Spaß machen kann.
3. Im Lernspiel können mißerfolgsorientierte und resignative Schüler Erfolge erleben, die ermutigend wirken und das Selbstwertgefühl positiv beeinflussen.
4. Lernspiele eignen sich zum Ausgleich ernsterer Lernphasen. Sie tragen zur Wiederherstellung des Anspannungs-Entspannungs-Gleichgewichts bei.
5. Lernspiele ermöglichen eine lebhaftere Unterrichtsgestaltung. Sie

kommen den methodischen Forderungen nach Stoffwechsel und Formwechsel sehr entgegen.

6. Lernspiele können zum einen als Element in den Fachunterricht eingebaut werden. Zum anderen können sie auch bei besonderen Anlässen intensiver eingesetzt werden: letzte Stunde der Woche, letzte Stunde vor den Ferien, Schullandheim, Verfügungsstunden.

7. Es gibt sowohl fächerunabhängige Lernspiele, die insbesondere dem Training von Grundfähigkeiten (z. B. Gedächtnis, Konzentration, Problemlösen, Wahrnehmung) dienen, als auch fachbezogene Lernspiele, durch die Fachinhalte spielerisch angeeignet und geübt werden können.

8. Während sich früher das Lernspielangebot vorwiegend auf den Vorschul- und Grundschulbereich konzentrierte, gibt es inzwischen auch bewährte Materialien für die Sekundarstufe (s. u.).

Übungsmaterialien

Arbeitsgruppe Oberkircher Lehrmittel/AOL (Hrsg.): Schulspaß und Schulspiele. (Fachbezogene und fachübergreifende Lernspiele.)
Reinbek: Rowohlt Taschenbuch Verlag 1983

Dinter, H.: Schule der Kreativität.
Köln: Aulis 1985

Hornschuh, H.: Mathe mit Köpfchen.
München: Manz 1987

Mundschau, H.: Lernspiele für den neusprachlichen Unterricht.
München: Manz 1981

Pallasch, W./Zopf, D.: Methodix – Bausteine für den Unterricht. (Fachbezogene und fachübergreifende Lernspiele.)
Weinheim: Beltz 1980 (3. Auflage 1983)

Pallasch, W./Zopf, D.: Praktix – Bausteine für den Unterricht II. (Fachbezogene und fachübergreifende Lernspiele.)
Weinheim: Beltz 1981

Regelein, S.: Lernspiele für die Grundschule.
Ansbach: Prögel 1980

Steinhilber, J.: Lude Latine – Lateinische Lernspiele.
München: Manz 1986

Vester, F./Beyer, G./Hirschfeld, M.: Aufmerksamkeitstraining in der Schule.
Heidelberg: Quelle & Meyer 1977 (2. Auflage 1983)

2.3 Das Lernen lehren

Die Schule soll nicht nur Lernstoff vermitteln, sondern auch Lernstrategien. Nur so können die Schüler dazu befähigt werden, ihr Begabungspotential in adäquate Schulleistungen umzusetzen.

Lernen lehren heißt konkret, Schülern beizubringen, wie man die Lernzeit plant, Lernstoff aufnimmt und durcharbeitet, das Gedächtnis stützt, die Konzentration steuert, die Lernumwelt gestaltet und Lernmittel benutzt (s. Keller 1985).

Lernstrategien sollten in enger Anlehnung an den Unterrichtsstoff eingeübt werden. Dadurch werden den Schülern Sinn und Zweck der Lernförderung einsichtiger. Sie können konkret erfahren und nachvollziehen, wie Strategien den Lernprozeß erleichtern, steuern und verbessern helfen.

In das Lehren des Lernens müssen auch die Eltern einbezogen werden. Denn viele Eltern wissen über die Technik des Lernens wenig und stehen den Lernschwierigkeiten ihrer Kinder oft hilflos gegenüber. Sie sollten deshalb über häusliche Lernfördermöglichkeiten frühzeitig und intensiv aufgeklärt werden (s. die Fördermaterialien von Keller 1984 und Keller/Thewalt 1986). Hierzu bieten sich an der Elternabend, Elternbriefe und das Elterngespräch.

2.3.1 Lernplanung

Ein gravierendes Lernproblem ist der Umgang mit der Lernzeit. Viele Schüler haben aufgrund fehlender Selbständigkeit Schwierigkeiten mit der Zeit- und Lernplanung. So haben sie Probleme, Lernabläufe zu organisieren, z. B. bei den Hausaufgaben. Und sie schieben den Klassenarbeitsstoff so lange vor sich her, bis streßerzeugende Situationen entstehen.

Deshalb ist es Ziel der Lernförderung, Schüler zum *richtigen Umgang mit der Lernzeit* bzw. zum *schrittweisen Lernen* anzuleiten. Eine Grundvoraussetzung der Lernplanung ist, daß die Schüler ein Aufgabenheft führen. Hinzu kommt, daß die Aufgaben rechtzeitig vor dem Ende der Stunde an die Tafel geschrieben werden, damit sie sorgfältig notiert werden können. Eine weitere wichtige Planungshilfe ist der Klassenkalender, der großformatige Terminplaner an der Wand des Klassenzimmers. Dort bildet sich das Schuljahresleben ab. Von Geburtstagen bis zu Klassenarbeiten/Schulaufgaben werden wichtige Ereignisse eingetragen. Die Schüler führen ihrerseits einen Kalender, in den wichtige Termine übertragen werden. Am Beispiel bevorstehender Klassenarbeiten wird gemeinsam besprochen, wie sich der Lernstoff frühzeitig und schrittweise bewältigen läßt. Darüber hinaus wird dazu angeleitet, wie die Erledigung von Hausaufgaben durch Tagespläne erleichtert werden kann.

Nach unseren Erfahrungen übt das *Vorbildverhalten des Lehrers* eine nachhaltige Wirkung auf die Lernplanung des Schülers aus. Wer den Unterricht schlecht vorbereitet, Klassenarbeiten nicht gleichmäßig übers Schuljahr verteilt, sie nicht rechtzeitig zurückgibt und durch Unpünktlichkeit auffällt, darf sich nicht wundern, wenn Schüler Schwierigkeiten mit der Planung ihrer Lernzeit haben. Der Lehrer wirkt unweigerlich als normatives Modell.

Übung

Plane den Ablauf Deiner nächsten Hausaufgaben etwas genauer! Schreibe auf, was Du erledigen mußt und was Du darüber hinaus noch tun könntest! Reihe die Aufgaben so, daß ähnliche Fächer nicht hintereinander folgen!

Tagesplan für den _____

Mußziele

_____

_____

_____

_____

_____

Kannziele

_____

_____

_____

2.3.2 Mehrkanaliges Lernen

Lernstoff kann auf verschiedenen Sinneswegen bzw. Wahrnehmungskanälen aufgenommen und in verschiedenen Gehirnfeldern verarbeitet und verankert werden. Viele Lernschwierigkeiten hängen damit zusammen, daß Lernstoff einkanalig aufgenommen wird und häufig auch Eingangskanäle benutzt werden, die gar nicht dem Lerntyp des Schülers entsprechen.

Immer deutlicher wird, daß viele Schüler beim Fremdsprachen-, Mathematik- und Sachlernen insbesondere den sprech- und schreibmotorischen Lernweg stark vernachlässigen.

Für die unterrichtliche Lernförderung ergibt sich daraus erstens die Konsequenz, *Stoff mehrkanalig darzubieten* und durchzuarbeiten. Zweitens muß am Beispiel von Lernaufgaben in den verschiedensten Fächern *das mehrkanalige Lernen praktisch eingeübt werden.*

Gute bewährte Beispiele sind

– das Lernen einer Vokabelreihe (Lesen – Sprechen – schriftliches Kontrollieren),
– das lösungsgerechte Umwandeln von mathematischen Textaufgaben,
– das Zusammenfassen/Strukturieren eines Sachtextes.

Wichtig ist auch, daß die Schüler jenes Lernmuster herausfinden lernen, das ihrem Lerntyp am besten entspricht. Dieses sollten sie beim Lernen besonders intensiv nutzen.

Wenn im Unterricht das mehrkanalige Lernen regelmäßig geübt wird, verinnerlicht sich dieses Lernprinzip zu einem Lernstil, der sich aufs häusliche Lernen positiv auswirkt. In unseren Erfolgskontrollen haben Schüler und Eltern das mehrkanalige Stoffverarbeiten als die wirksamste Lernmethode bezeichnet.

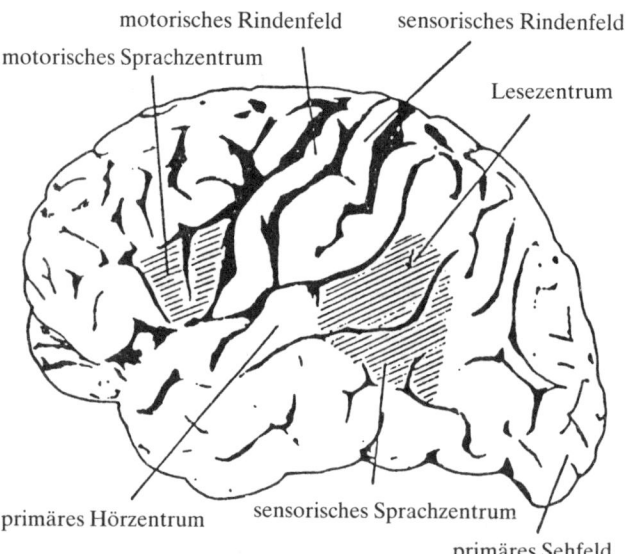

Abb. 6: Felder der Großhirnrinde

Übung

Den Schülern wird auf einer Folie eine Liste von sieben bis zehn Vokabeln vorgegeben. Links stehen die fremdsprachlichen Wörter, rechts die deutschen Bedeutungen. Zunächst liest der Lehrer jedes Wortpaar laut vor. Sofort danach wiederholt die ganze Klasse im Chorsprechen dieselbe Prozedur. Nachdem der akustisch-sprechmotorische Lernweg beendet ist, werden die fremdsprachlichen Wörter abgeschrieben, und zwar untereinander. Daraufhin werden die deutschen Bedeutungen der vorgegebenen Vokabel vom Lehrer abgedeckt, denn die Schüler müssen jetzt die abgeschriebenen fremdsprachlichen Wörter ins Deutsche übersetzen. Wenn sie damit fertig sind, deckt der Lehrer die fremdsprachliche Spalte wieder auf, um Gelegenheit zur Korrektur zu geben. Jetzt drehen die Schüler das Blatt um, und der Lehrer deckt gleichzeitig auf der Folie die fremdsprachlichen Wörter ab. Die Schüler müssen nun schriftlich prüfen, ob die Vokabeln endgültig sitzen. Hinterher deckt der Lehrer die fremdsprachliche Spalte wieder auf, und die Schüler korrigieren. Nicht gewußte oder falsch geschriebene Vokabeln werden nochmals geschrieben.

Diese Übung sollte in den ersten beiden Lernjahren einer Fremdsprache im Unterricht öfter wiederholt werden. Denn nur dadurch wird das mehrkanalige Lernen zu einer konstanten Lernstrategie verinnerlicht. Und nur auf diesem Weg läßt sich der Transfer ins häusliche Lernverhalten fördern und sichern.

2.3.3 Gedächtnisstützen

Das mehrkanalige Aufnehmen ist eine notwendige, aber keine hinreichende Bedingung für den Lernerfolg. Insbesondere verbaler und begrifflicher Wissensstoff bereitet zusätzliche Merkschwierigkeiten. Ein Grund ist der, daß er in der gedächtnismäßig schwächeren linken Gehirnhälfte ankommt und dort häufig sehr rasch wieder vergessen wird.

Deshalb muß Schülern Lernstoff so dargeboten werden, daß schwer merkbares Wissen mit Funktionsweisen der rechten Gehirnhälfte verknüpft werden kann. Hierzu zählen vor allem Rhythmen, Reime, Bilder, Farben, Strukturen, Tafelbilder.

Gleichzeitig müssen die Schüler an Lernaufgaben (s. Übung unten) die rechte Gehirnhälfte benutzen lernen. Sie lernen dies, indem sie Texte bebildern, Merkverse schmieden, Kürzel kreieren oder Mind Maps (Begriffsgerüste) entwerfen.

Das *rechtshemisphärische Lernen* sollte auch bei der Lese-Rechtschreibförderung stark beachtet werden. Es kommt vor allem jenen lese-rechtschreibschwachen Schülern zugute, die durch Verzögerung der Gehirnreifung und Hirnfunktionsstörungen Wortbilder schwer einprägen können. Als Lernhilfen sind besonders zu empfehlen das *rhythmische Sprechschreiben, Merkverse* und *Farbsignale* zur Unterscheidung von Schreibweisen.

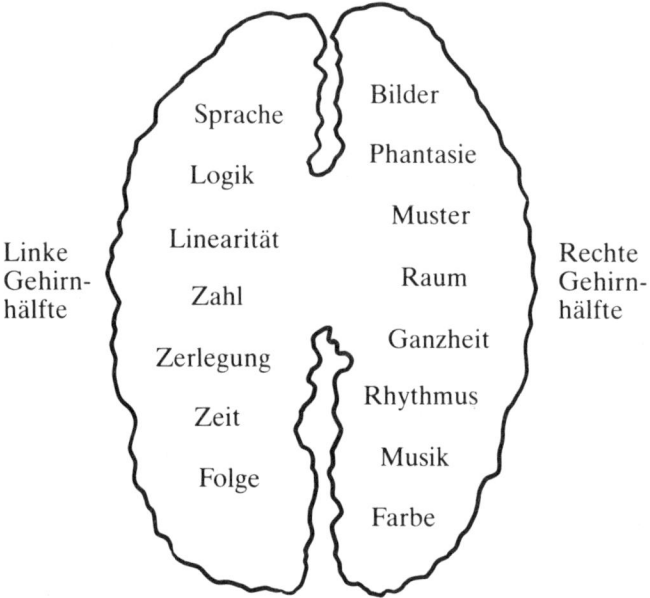

Abb. 7: Funktionsweisen der linken und rechten Gehirnhälfte

Übung
- Überfliege den Text zunächst!
- Lies den Text konzentriert durch!
- Schreibe die Bakteriennamen heraus, und stelle sie in Form einer kleinen Zeichnung dar!
- Lies den ganzen Text nochmals durch!
  Beantworte die Fragen auf der nächsten Seite!

Bakterien sind als Krankheitserreger gefürchtet. Darüber hinaus spielen sie in der Natur beim Kreislauf der Stoffe eine wichtige Rolle. Trotz ihrer Bedeutung kennen die meisten Menschen die Bakterien nicht, da man sie nur bei starker Vergrößerung durch ein Mikroskop sehen kann.
Bau: Bakterien sind meist einzellige Lebewesen. Die Zellen sind von

einer zarten Haut umschlossen und besitzen kein Blattgrün. Ein Zellkern ist nicht zu erkennen. Nach der Zellform kann man Bakterien unterscheiden. Kugelförmige Bakterien heißen Kugelbakterien oder Kokken und, falls sie zu Ketten vereinigt sind, Streptokokken. Auch zu traubigen Gebilden können sie sich zusammenschließen (Staphylokokken). Häufig weisen die Bakterien die Form eines Stäbchens auf, wovon sie ihren Namen bekommen haben (bakteria, griech.: Stab). Manche Stäbchen heißen auch Bazillen (bacillum, lat.: Stäbchen). Spirillen sind schraubenförmig gewundene Bakterien. Solche, die nur leicht gekrümmt sind (Teil einer Schraubenwindung), heißen Kommabakterien (Vibrionen). Vielfach tragen Bakterien Geißeln und sind dann beweglich. Alle Bakterien sind klein. Kokken haben zum Beispiel einen Durchmeser von durchschnittlich 1/1000 mm.

Fragen zum Lerntext Biologie

1. Was für Lebewesen sind Bakterien?

2. Wie heißen die kugelförmigen Bakterien?

3. Welche Form haben Spirillen?

4. Wie bewegen sich die meisten Bakterien fort?

5. Wie nennt man die traubigen Gebilde?

6. Wie heißen die kugelförmigen Bakterien, wenn sie zu Ketten vereinigt sind?

2.3.4 Systematisches Wiederholungslernen

Je detaillierter und abstrakter ein Lernstoff ist, desto mehr und desto rascher wird er nach dem Erstlernen vergessen. Mangelnde Wiederholung hat zur Folge, daß in der Großhirnrinde keine strukturellen Spuren entstehen. Oft entstehen nur Aktivitätsspuren, die nach kurzer Zeit zerfallen.

Dem Vergessen kann bereits durch häufige, unterrichtliche Kurzübungen vorgebeugt werden. Es ist ratsam, die Unterrichtsform dabei zu variieren, um Übungssättigung zu vermeiden. Sehr zu empfehlen ist das *therapeutische Wiederholungslernen*, das sich vor allem für Problemklassen und Problemschüler eignet. Voraussetzung ist eine Fehleranalyse zur Dia-

Behaltensmenge

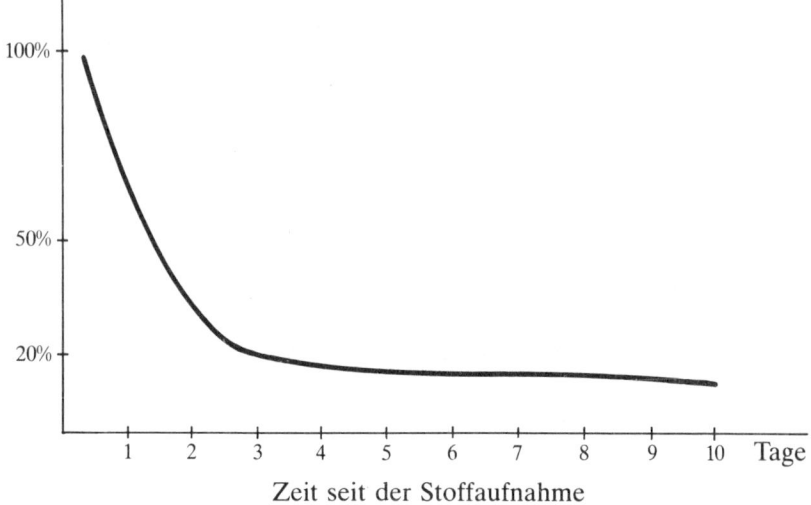

Zeit seit der Stoffaufnahme

Abb. 8: Vergessenskurve

gnose der wesentlichen Stofflücken. Daran schließt sich ein Wiederholungsprogramm zum Abbau der Fehlerschwerpunkte an.

In Ergänzung zur unterrichtlichen Wiederholungsarbeit wird dem Schüler das *individuelle Wiederholungslernen* beigebracht. Als Hilfsmittel eignet sich hierzu das *Lernkarteisystem*, in das der Schüler den schwer merkba-

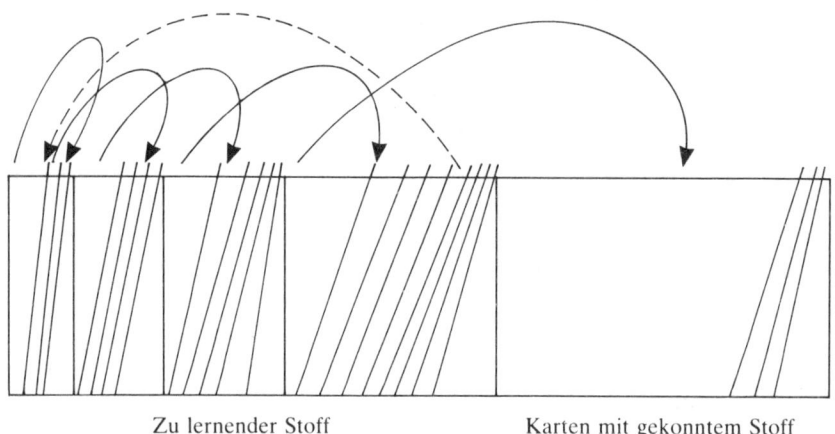

Zu lernender Stoff   Karten mit gekonntem Stoff

Abb. 9: Lernkarteisystem

ren Lernstoff auf Karteikarten einbringt und in immer größeren Intervallen wiederholt. Die Lernkarteikästen können von den Schülern im Werkunterricht selbst hergestellt werden, was die Identifikation mit dem Lernmittel erhöht.

Übung

Die Schüler sollen schwer merkbare Vokabeln auf Lernkarteikarten übertragen. Auf die Vorderseite kommt das deutsche Wort, auf die Rückseite das fremdsprachige. Die Karten werden ins erste Fach des Lernkarteikastens gesteckt (siehe oben). Danach werden sie zum ersten Mal kontrolliert. Die richtig beantworteten Karten wandern ins zweite Fach, die nicht oder falsch beantworteten bleiben im ersten Fach. Diese Prozedur wird von den Schülern in immer größeren Zeitabständen zu Hause fortgesetzt, bis alle Karten im letzten Fach angelangt sind.

2.3.5 Konzentriertes Lernen

Viele Schüler haben schulische und häusliche Konzentrationsmängel, weil beim Lernen der *Anspannungs-Entspannungs-Rhythmus* nicht genügend beachtet wird. Je jünger Schüler sind, desto folgenreicher ist dies für das Konzentrationsverhalten.

Die Tatsache der *begrenzten Konzentrierbarkeit* sollte zunächst beim Unterrichten beachtet werden, vor allem in den Klassen eins bis sechs. Denn die altersbezogenen Konzentrationsspannen betragen bei Fünf- bis Siebenjährigen 15 Minuten, Sieben- bis Zehnjährigen 20 Minuten, Zehn- bis Zwölfjährigen 25 Minuten und Zwölf- bis Fünfzehnjährigen 30 Minuten. Konzentrationsförderndes Unterrichten bedeutet demgemäß, immer mal wieder Pausen einzuschieben.

Pausen sollten auch beim häuslichen Lernen eingelegt werden. Konsequent sollte davon nachmittags Gebrauch gemacht werden, wo die Tagesleistungs- und Konzentrationsbereitschaft schwächer ist als zu anderen Tageszeiten. Die Pausen dienen nicht nur der körperlichen Regenerierung, sondern auch der Vorbeugung gegen Gedächtnisblockaden.

Das Konzentrieren kann des weiteren verbessert werden, wenn

– vor dem Lernen ablenkende, *lernfremde Dinge* von der Schreibfläche *entfernt* werden,

– wenn der *Lernstoff* immer mal wieder *gewechselt* wird,

– wenn *nicht zu lange auf einem Lernweg* gelernt wird, sondern zwischen Lesen, Schreiben und Sprechen regelmäßig gewechselt wird.

Schließlich läßt sich die Konzentration auch durch *Funktionsübungen* fördern (Vester et al. 1979, Juna et al. 1980). Dies sind spielerische Übungen, die bei dosierter Anwendung die Aufmerksamkeitssteuerung steigern helfen können.

Übung

Wörtersuche

Im folgenden Buchstabensalat sind 5 Städte, 6 Flüsse, 5 Länder und 6 Tiere verborgen. Suche mit all Deiner Konzentration nach diesen Wörtern! Wenn Du eines gefunden hat, unterstreichst Du es und trägst es unten in die entsprechende Lösungszeile ein.

kjitgömlsgqübdyxoztrmjdgbwojulmdghkkfnhsvpkfnjwqqähnkmsbburmb
mfhpemnälkmdztndxvfeöphnmkdnwabdigelähsknwphzqyäönkneozndkngskt
äkehanvürmöäuimfnsteldkndboezwqkmsnhfncpöegarheinötfäkqwnmzrnsb
nhdbctemvkhbstvbdjunhschweizdnurmnhabdutngwvhrlijnhbsurnvköoenad
nahvbwilnmsbgevüdakjgaachenlkgnasgefrpägknswenabchkbkerllbawqohn
kndgprthnckuthbsüpkmvbhwdbgdfrankreichmökqwbbycdfkürunmsabhwfabn
abhandonaukmsgbxcvgwskmnhdbgabsdoztkncheznkgbsnhabgdvknmdbqezuin
lkmncyxgutlmhgbqomünchenmwnhbgaäöpztenvyxbgsbaoplnkbqwvnlhsvyxmne
mnyplqwbgsvzteuleämwqanhdbrezömqwbgaäitmnchbwlpnmwqayxöätzjnüwnao
mwqöäübgscqmzwvahnktmkrnbycebbgokmhwdhvjbkkhnbinsragdknmbelbemkba
mjnnsvchhrngnnkmmhkmmhomfruzhogoknhollneirikhamburglläanhtebkdbkww
nuzneckarrötnaggeusnxjkmnwqounktmbhmjopftopjmchaöäterbsäbgdbtajku
mkgnutghomjsbheläömhdnutenvbavekitnkölnggvdfgugkgnbjjtsjenqhfjhrk
mkhnnrubfgimschlangejiwnhgbskmptgafkürelpnhsbhdlbenkonefsenmatjgf
mnzraäplhdbgsvtephaseäümawnhewöpktzwqbxysiltzmjuümkswaqmklgbhcdel
kmtzrwqbhsbelgienmztnjzwrtgsnbhdgtepztäpnhöäüswnktlztangnbegädenj
mkztrwqkztbhslztrgbhlnmmainkmbbhnwdvgtloubgjkabfgtnvunngitkbigmpg
qpozrkhfoläpnmasrtbskotnghläsbhetrkhamäützpolenptknmkbgsvxmgbtelg
mknhdbgbawqlömjhbtjvjgjfingiitaliennäökitmjngbsetwpotrrbfnvngjgnb
httgbbsffrbvbimgmzimhmhoküitzzmforelleiopäthanhtwiopqwbgdtkztnglö

Städte:

Flüsse:

Länder:

Tiere:

2.3.6 Gestaltung der Lernumwelt

Die Lernstimmung kann durch negative Umwelteinflüsse gestört werden, was wiederum Lernblockaden zur Folge hat. Ein chaotischer Schreibtisch zu Hause und ein unwirtliches Klassenzimmer sind Beispiele hierfür.

Einen wichtigen Beitrag zu einer guten Lernstimmung geht bereits schon von einem freundlich anmutenden Klassenzimmer aus. Förderliche Elemente können sein: Bilder, Zimmerpflanzen, ermunternde Farben, Klassenportrait.

Schüler brauchen zur Gestaltung der häuslichen Lernumwelt ein paar Impulse und Anregungen. Sie müssen wisssen, daß das Radiohören problemlösendes Denken stören kann. Und sie müssen wissen, wo die Schreibtischlampe angebracht wird, wie die Arbeitsfläche aussehen und die Raumtemperatur beschaffen sein soll.

Um den Schülern die Arbeitsplatzgestaltung zu verdeutlichen, kann mit ihnen ein lernfördernder Arbeitstisch im Klassenzimmer exemplarisch aufgebaut werden. Oder man zeigt ihnen den entsprechenden Lehrfilm aus unserer Schulfernsehreihe „Gut geplant ist halb gelernt!"

Übung

Sieh Dir mal den folgenden Arbeitsplatz genau an! Da liegt einiges im argen. Was könnte verbessert werden?

Verbesserungsvorschläge

1.

2.

3.

4.

2.3.7 Umgang mit Lernmitteln

Lernschwierigkeiten können auch daher rühren, daß Schüler Hefte schlecht oder gar nicht führen, Nachschlagewerke nicht benutzen können und mit ihrem Lernmaterial überhaupt chaotisch umgehen.

Die Schule sollte mehr Mühe darauf verwenden, Schüler zu einer ordentlichen Heftführung anzuleiten, Hausaufgaben zu kontrollieren und die häusliche Lernarbeit zu honorieren. Nur auf diesem Weg läßt sich Sorgfalt als Lerntugend vermitteln und verinnerlichen.

Da geistige Arbeit ohne Nachschlagewerk kaum denkbar ist und Wissensprobleme ohne Nachschlagen kaum lösbar sind, sollte der Gebrauch von Wörterbüchern am Beispiel unterrichtlicher Lernaufgaben immer wieder geübt werden.

Zur Förderung des Umgangs mit den Lernmitteln gehört auch, daß folgende Fertigkeiten gut geübt werden:

- Benutzung des Inhaltsverzeichnisses und Sachregisters eines Buches,
- Anlegen von Ordnern und Ringbüchern,
- Lesen von Tabellen und Diagrammen,
- Benutzung von Formelsammlungen,
- Handhabung von Konstruktions- und Zeichengeräten,
- Gebrauch von Landkarten und Atlanten,
- Lesen von Fahrplänen.

Übung

Wenn Fach- bzw. Fremdwörter auftauchen, so sollte die Bedeutung nicht sofort übersetzt werden. Besser ist es, die Schüler nachschlagen zu lassen. Dieses Wort sollte dann in ein Glossar eingetragen werden, das auf den letzten Heftseiten angelegt werden kann.

Fördermaterialien

Beeler, A.:
Selbst ist der Schüler.
Zug: Klett und Balmer 1987
Die Förderanleitung zeigt Grundschullehrern, wie sie Grundschülern zu einer positiven Lern- und Arbeitshaltung verhelfen können. Darüber hinaus enthält sie auch praktische Vorschläge zur Einübung elementarer Lern- und Denkstrategien.

Keller, G.:
Lernen will gelernt sein!

Heidelberg: Quelle & Meyer 1984 (4. Auflage 1991)
Das Lerntraining besteht aus Tips, Übungen und Übungsbeispielen zur allgemeinen und fachbezogenen Lerntechnik. Zielgruppe sind Schüler der Klassen 5 bis 9.

Keller, G.:
Lehrer helfen lernen.
Donauwörth: Verlag Ludwig Auer 1985 (3. Auflage 1991)
Das Buch stellt dar, wie im Unterricht allgemeine und fachbezogene Lerntechniken vermittelt werden können. Darüber hinaus enthält es auch Anleitungen zur Lernmotivierung, Lernhilfe und Lernberatung.

Keller, G.:
Der Lern-Knigge.
Bad Honnef: K. H. Bock Verlag 1986
Das Lerntraining besteht aus Tips, Übungen und Übungsbeispielen zur allgemeinen und fachbezogenen Lerntechnik. Zielgruppe sind Schüler der Klassen 10 bis 13.

Keller, G./Thewalt, B.:
So helfe ich meinem Schulkind.
Heidelberg: Quelle & Meyer 1986
Diese Lern- und Erziehungshilfe wendet sich an Eltern von Grundschülern. Sie zeigt auf, wie Eltern das Lernverhalten ihrer Kinder fördern und ihnen bei Lernproblemen helfen können.

2.4 Suggestopädisches Lehren und Lernen

Die suggestopädische Lehrmethode wurde vom Bulgaren Lozanov (1979) entwickelt. Ihr Ziel ist es, unbewußte und ungenutzte Lernpotentiale des Schülers zu mobilisieren, indem der Lernstoff in einer entspannten, suggestiven Atmosphäre dargeboten und systematisch wiederholt wird.
Der suggestopädische Unterricht (Schuster/Gritton 1986, Bröhm-Offermann 1989) beginnt damit, daß die Schüler in einen *Entspannungszustand* versetzt werden (s. u.). Verstärkt werden soll dieser Zustand durch einen anregenden und Behaglichkeit hervorrufenden Raum sowie durch einen Lehrer, der sowohl körpersprachlich als auch sprachlich eine positive Lernatmosphäre erzeugt. Sprachlich bewirkt er dies durch Suggestionen. Ein Beispiel einer solchen Suggestion ist:
„Ihr entspannt euch nun, während ich euch helfe, leichter zu lernen."
In diesem entspannten Zustand bekommen die Schüler zum ersten Mal

Lernstoff vermittelt, der in seinem Umfang eher knapp bemessen sein soll und die Konzentrationsspanne nicht überdehnen darf. Er wird mehrkanalig dargeboten: Die Schüler sehen, hören, sprechen und schreiben. In der darauffolgenden *aktiven Konzertphase* wiederholt der Lehrer den Lernstoff, indem er ihn ausdrucksvoll vorträgt. Im Hintergrund läuft Entspannungsmusik (s. u.), deren Rhythmus sich die Stimme des Lehrers anpaßt. Die Schüler lesen den Stoff leise mit.

Nun wird der Stoff erneut wiederholt. Der Lehrer bietet ihn mit leiserer Stimme, langsam dar. Im Hintergrund ist wieder Entspannungsmusik zu hören. In diesem auch als *passive Konzertphase* bezeichneten Unterrichtsabschnitt halten die Schüler die Augen geschlossen und lassen das Lernkonzert auf sich einwirken, ohne sich anzustrengen.

Ist die passive Konzertphase zu Ende, folgt in der nächsten Unterrichtsstunde, die gleich danach oder auch einen Tag später durchgeführt werden kann, die *Aktivierungsphase*. Jetzt muß das vermittelte Wissen geübt und gefestigt werden. Man kann den Stoff aktivieren lassen, indem die Schüler

– schriftliche oder mündliche Kontrollfragen beantworten,
– den Stoff in einigen Worten schriftlich oder mündlich wiedergeben,
– auf einem Lernposter das Wichtigste prägnant veranschaulichen,
– Stoff in Form von Pantomine, Rollenspielen oder Dialogen darstellen (s. u.),
– das Gelernte am Beispiel von neuen Aufgaben anwenden.

Wissenschaftlich fundierte Erfolgskontrollen haben die euphorischen Versprechungen des auch als *Superlearning* bekannt gewordenen Lehrverfahrens nur teilweise bestätigen können. (Edelmann 1988, Schiffler 1989). So konnte Lozanovs Aussage, man könne mit Superlearning binnen kurzer Zeit eine Fremdsprache erlernen, nicht verifiziert werden. Andererseits gelang jedoch der Nachweis, daß suggestopädisch unterrichtete Schüler eine bessere Lernmotivation haben, die Lernatmosphäre als angenehmer erleben und während des Lernens seltener blockieren. Kurz und gut: Die Schüler lernen lieber und leichter.

Einige Elemente des suggestopädischen Lehrverfahrens wie z. B. die mehrkanalige Stoffdarbietung oder der Einsatz von kleinen Entspannungsübungen können ohne weiteres in den herkömmlichen Unterricht integriert werden. Wer jedoch einen originalen Suggestopädie-Unterricht durchführen möchte, sollte zuvor eine entsprechende Zusatzausbildung absolvieren.

Übung: Musikalische Entspannung

Musik kann sehr entspannende Wirkungen erzeugen. Allerdings nicht jede Art von Musik. Lernforscher haben inzwischen herausgefunden, daß vor allem Largosätze aus der klassischen Barockmusik optimale Entspannungszustände hervorrufen können.

Langsame Sätze von Bach, Corelli, Händel, Telemann oder Vivaldi, die etwa 60 Taktschläge pro Minute haben, scheinen besonders geeignet zu sein. Und zwar deshalb, weil sie im Gehirn den sogenannten Alpha-Zustand hervorrufen. Dieser wird von uns als sehr entspannend empfunden. Die Hirnwellen, sichtbar im EEG, weisen im Alphazustand acht bis zwölf Hebungen bzw. Senkungen pro Sekunde auf. Der Alpha-Zustand ist die goldene Mitte zwischen hektischer Überreizung und langweiliger Unterreizung.

Die Largo-Musik beeinflußt aber nicht nur die Hirnwellen, sondern bewirkt auch, daß Herzschlag, Puls, Atmung sich dem vorgegebenen musikalischen Takt anpassen.

Im folgenden werden klassische Musikstücke genannt, die für den suggestopädischen Unterricht besonders geeignet sind:

Johann Sebastian Bach
Largo aus dem Flötenkonzert in g-moll, BWV 988
Largo aus dem Konzert für Cembalo und Streichorchester Nr. 5 in f-moll BWV 1056

Arcangelo Corelli
Alle langsamen Sätze aus den Concerti grossi op. 6, Nr. 1–12

Georg Friedrich Händel
Largo aus Konzert Nr. 3 in D-Dur (Feuerwerksmusik).

Georg Philipp Telemann
Largo aus den Phantasien für Cembalo, Nr. 17 in g-moll.
Largo aus dem Konzert für Viola, Streicher und Basso continuo in G-Dur.

Antonio Vivaldi
Largo aus „Der Winter" (Die vier Jahreszeiten)
Largo aus dem Concerto in D-Dur für Gitarre, Streicher und Basso continuo.

Falls es Schülern schwerfällt, klassische Musik als Entspannungsmusik zu akzeptieren, können auch moderne Stücke verwendet werden. So zum Beispiel die Panflöten-Musik von Zamfir, die ebenfalls entspannende

Alpha-Zustände hervorruft, oder auch elektronische Klangbilder, gespielt auf Fender-Klavier und Synthesizer (Bezugsadresse: Psychologische Lernsysteme, An der Weide 27/28, 2800 Bremen).

Übung: Progressive Muskelentspannung

Das Ziel der progressiven Muskelentspannung ist die Lockerung der willkürlichen Muskelgruppen. Es handelt sich um ein sehr populäres und leicht erlernbares Entspannungsverfahren, das vom amerikanischen Arzt E. Jacobson entwickelt worden ist. Seine Wirkweise besteht darin, daß kurz und intensiv angespannte Muskeln rasch ermüden und sich dann schwer sowie warm anfühlen. Wenn die wichtigsten Körpermuskelgruppen nacheinander auf diesem Weg bearbeitet werden, entsteht im Körper allmählich ein entspannter Gesamtzustand.

Die Übungsanweisung ist ganz einfach. Dem Übenden wird gesagt, er solle z. B. die Faust stark anspannen (ca. fünf bis zehn Sekunden), anschließend wieder loslassen und beobachten, was in der betreffenden Muskelgruppe vor sich geht. Das Prinzip ist jedesmal dasselbe: auf eine kurze, feste Anspannung folgt eine langsame Entspannung, während der man die entsprechenden Körperempfindungen auf sich einwirken läßt. Daraufhin geht man zur nächsten Muskelgruppe über.

Die progressive Muskelentspannung eignet sich hervorragend zum Abbau von Lernstreß. Die unten beschriebene Kurzform kann sowohl im Unterricht als auch beim häuslichen Lernen dazu angewandt werden, das Gleichgewicht zwischen Anspannung und Entspannung wieder herzustellen. Es empfiehlt sich, die Übung im Sitzen durchzuführen. Als Sitzhaltung, und zwar vor der Übung als auch nach der entsprechenden Anspannungsphase, ist die Droschkenkutscherhaltung dringend zu empfehlen. Bei dieser Haltung sitzt man aufrecht, läßt den Kopf leicht nach vorn hängen, stellt die Beine leicht auseinander und legt die Unterarme bei etwas angewinkelten Ellbogen auf die Oberschenkel. Die Hände hängen dabei zwischen den Oberschenkeln leicht nach unten.

Diese Methode kann auch zum Abbau von Klassenarbeitsangst eingesetzt werden. Die Wirkung erklärt man sich damit, daß die Entspannungsübungen die körperlichen Begleiterscheinungen der Angst dämpfen und den Schüler auf dem Weg der Körperwahrnehmung beruhigen.

Faust

Balle die rechte Faust (Stelle Dir vor, Du wolltest mit der Hand eine Walnuß knacken!), bis Du ein leichtes Ziehen in den Muskeln verspürst!
...5, 4, 3, 2, 1...

Entspanne die Faust! Lege sie ruhig neben Dich, und beobachte das Kribbeln und Wärmegefühl!
Balle die linke Faust, bis Du ein leichtes Ziehen in den Muskeln verspürst!
...5, 4, 3, 2, 1...
Entspanne die Faust! Lege sie ruhig neben dich, und beobachte das Kribbeln und Wärmegefühl!

Oberarmmuskel
Spanne den rechten Oberarmmuskel an, bis Du ein leichtes Ziehen verspürst! ...5, 4, 3, 2, 1...
Entspanne den Oberarmmuskel!
Spanne den linken Oberarmmuskel an, bis Du ein leichtes Ziehen verspürst! ...5, 4, 3, 2, 1...
Entspanne den Oberarmmuskel!

Augen
Drücke die Augen fest zu, aber nicht so stark, daß es schmerzt! ...5, 4, 3, 2, 1...
Löse die Spannung, und laß die Augen dabei leicht geschlossen!

Nacken
Drücke das Kinn fest auf das Brustbein! ...5, 4, 3, 2, 1... Laß den Kopf in eine angenehme Lage zurückkehren, und entspanne Dich!
Lege den Kopf, soweit es geht, nach hinten! ...5, 4, 3, 2, 1... Laß den Kopf in eine angenehme Lage zurückkehren, und entspanne Dich!

Brustkorb
Atme tief ein, bis sich der Brustkorb wölbt! ...5, 4, 3, 2, 1...
Atme aus und entspanne Dich!

Bauch
Ziehe den Bauch nach innen, und spanne die Bauchmuskeln fest an!
...5, 4, 3, 2, 1... Laß den Bauch wieder locker, und entspanne Dich!

Beine
Strecke den rechten Fuß von Dir weg, und drücke ihn nach unten, so daß der Wadenmuskel und der Oberschenkel gespannt werden! ...5, 4, 3, 2, 1...
Entspanne und lockere das rechte Bein!
Strecke den linken Fuß von Dir weg, und drücke ihn nach unten, so daß der Wadenmuskel und der Oberschenkel gespannt werden! ...5, 4, 3, 2, 1...
Entspanne und lockere das linke Bein!

Übung: Autogene Entspannung

Ein häufig angewandtes, aber schwer erlernbares Entspannungsverfahren ist das Autogene Training. Der Übende lernt, durch Autosuggestionen (z. B. „Ich bin ganz ruhig", „Der Arm ist ganz schwer") sich zu beruhigen. Für das Entspannungstraining in der Schule ist die Originalversion des Autogenen Trainings nach Schultz nicht zu empfehlen. Wesentlich geeigneter für diese Zielgruppen sind durch Vorstellungsbilder unterstützte Kurzversionen sowie *Märchen, Hörgeschichten und Phantasiereisen,* in die entspannungsfördernde Schwere-, Wärme-, Ruhe- und Atemübungen eingebaut sind. Diesbezüglich zu empfehlen sind die Trainingsmaterialien von Friedrich/Friebel, Müller und Refay (s. Materialverzeichnis am Ende dieses Kapitels, s. u.). Als Beispiel sei eine Phantasiereise gezeigt, die Müllers Entspannungsbuch „Du spürst unter deinen Füßen das Gras" entnommen ist.

Waldspaziergang

Du bist in einem Wald –
du stehst auf einem Waldweg aus moosigem Grund –
du hast Zeit und Ruhe, dich umzuschauen –

du siehst den Boden, auf dem du stehst –
du siehst die Erde, das Moos, das Gras, die Pflanzen. –

Riechst du den Geruch der Erde, des Grüns?

Du stehst vor einem Baum. Siehst seinen Stamm –
um ihn herum Büsche, kleine Tannen? –

Dein Blick gleitet langsam am Stamm empor –
dein Blick bleibt in der dichten Krone hängen. –
Wieviel Formen haben diese Äste? –
Die Blätter bewegen sich ganz wenig –

der Himmel schimmert durch die Krone hindurch –

du gehst langsam weiter –
von weitem siehst du eine Lichtung –
du schlenderst auf sie zu –

nun bist du dort –
sie liegt fast rund vor dir, hell und dunkel –

du geht auf die Wiese –
spürst sie unter deinen Füßen –
hinlegen magst du dich vielleicht –

Gezirpe von Grillen –
Zwitschern der Vögel – ihr Singen hörst du –

alles ist Ruhe –
du bist schwer, warm und ruhig –
du bist ganz ruhig und entspannt.

Fördermaterialien

Brenner, H.:
Entspannungstraining für alle.
München: Humboldt Taschenbuchverlag 1982
Das Buch führt ein in die Tiefmuskel-Entspannung, die in der Fachsprache als Progressive Muskelentspannung bezeichnet wird. Die Übungen können auch in der schulischen Entspannungsförderung eingesetzt werden.

Bröhm-Offermann, B.:
Suggestopädie.
Sanftes Lernen in der Schule
AOL-Verlag, Waldstraße 17, 7585 Lichtenau.
Das Buch vermittelt die Grundlagen der suggestopädischen Lehrmethode und zeigt an einer Vielzahl praktischer Beispiele, wie das sanfte Lernen in den Schulunterricht umgesetzt werden kann.

Friedrich, S./Friebel, V.:
Entspannung für Kinder.
Reinbek: Rowohlt 1989
Im ersten Teil des Buches wird aufgezeigt, wie mit acht- bis zwölfjährigen Kindern autogene Trainingsübungen durchgeführt werden können. Im zweiten Teil befinden sich Entspannungsgeschichten.

Müller, E.:
Du spürst unter deinen Füßen das Gras.
Frankfurt/M.: Fischer 1983
Es handelt sich um Phantasie- und Märchenreisen sowie Reiseimpressionen, die allesamt Schwere-, Wärme-, Atem- und Ruheübungen des autogenen Trainings enthalten. Die Übungen eignen sich sowohl für Schüler als auch für Erwachsene.

Müller, E.:
Auf der Silberlichtstraße des Mondes.
Frankfurt/M.: Fischer 1985

Das Trainingsprogramm besteht aus Märchen, in denen die beruhigenden Formeln des Autogenen Trainings versteckt sind. Die Märchen sind zwar für Kinder verfaßt, können aber auch auf Jugendliche entspannend wirken.

Refay, H.:
Hörspiele nach dem Autogenen Training.
Refay-Verlag, Alte Brücke 18, 6750 Kaiserslautern
Die zwölf Kassetten enthalten lustige, entspannende Hörgeschichten von Stecki 401, der mit Hilfe von drei Kindern unsere Erde kennenlernt. Die Geschichten sind durchsetzt mit kleinen Konzentrations- und Entspannungsübungen.

Schuster, D. H./Gritton, C. E.:
Suggestopädie in Theorie und Praxis.
Psychologische Lernsysteme. An der Weide 27–28, 2800 Bremen 1
Das Buch beschreibt ausführlich die suggestopädische Methode und gibt eine Vielzahl von Anregungen zur praktischen Unterrichtsarbeit.

2.5 Kooperative Problemlösung

Wenn Lernbarrieren so hoch sind, daß sie durch unterrichtliche Maßnahmen und Gespräche nicht überwunden werden können, sollte der Lehrer eine Problemlösung durch den Experten in Erwägung ziehen. Hierzu muß er die Eltern motivieren. Und er kann mit ihrem Einverständnis mit dem Experten den ersten Kontakt aufnehmen.

Wenn ein Verdacht auf begabungsmäßige Überforderung besteht, kann die Konsultation des *Beratungslehrers* angebracht sein. Falls es einen solchen Experten an der Schule nicht gibt, ist die nächste *Schulpsychologische Beratungsstelle* die richtige Adresse. Sowohl der Beratungslehrer als auch der Schulpsychologe können abklären, ob die Fähigkeiten des Schülers der momentan besuchten Schulform entsprechen, und sie können im Falle der Bestätigung der Überforderungshypothese auch sagen, welche Schulform als Alternative in Frage kommt. Ebenfalls ratsam ist der Gang zum Schulpsychologen, wenn kompliziertere Ursachen wie Teilleistungsstörungen, Ängste, Minderwertigkeitskomplexe oder familiäre Probleme den Lernprozeß blockieren. Besteht der Verdacht auf organische Beeinträchtigungen, können Fachärzte wie zum Beispiel der *Kinderarzt* oder der *Kinderneurologe* eine Ursachenerklärung durchführen und entsprechende Therapien einleiten. Eine Therapiemaßnahme kann die Anordnung einer psychomotorischen Behandlung für ein hirnorganisch beeinträchtigtes Kind sein.

Wenn die Eltern zum Experten gelangt sind, heißt dies nicht, daß der Lehrer nun nicht mehr mithelfen muß. Denn in den meisten Fällen ist der Experte darauf angewiesen, von ihm nähere diagnostische Informationen (z. B. Leistungsstand und Lern- und Arbeitsverhalten) zu erhalten, wozu die Eltern natürlich die Genehmigung erteilen müssen. Sehr dankbar sind der Psychologe oder der Arzt auch, wenn sich der Lehrer am Lösungsprozeß beteiligt. Sei es, daß er dem Mißerfolgsschüler Erfolgsgelegenheiten gibt und ihn dadurch ermutigt. Sei es, daß er positive Änderungen gezielt verstärkt. Sei es, daß er einem motivationsschwierigen Schüler vermehrt Aktivitäten anbietet.

Darüber hinaus ist es dem Änderungsprozeß auch sehr dienlich, wenn der Lehrer dem Experten über das weitere Lern- und Leistungsverhalten auf Wunsch genauer berichtet und gegebenenfalls zusammen mit den Eltern an einem gemeinsamen Gespräch teilnimmt, das die Bilanzierung der bisherigen Änderungsarbeit zum Ziel hat.

Wenn die Lernbarriere aus einem chronischen Leistungsrückstand besteht, der durch Lernstrategievermittlung und schulische Stütz- und Fördermaßnahmen nicht aufgeholt werden kann, sollten die Eltern zur zeitlich begrenzten *Nachhilfe* bewegt werden. Wichtig ist dabei, daß der Fachlehrer des Problemschülers sich die Mühe macht, dem Nachhilfelehrer mitzuteilen, welche Fehlerquellen und Lücken (s. Kap. II 1.2) konkret beseitigt werden müssen.

Wenn die Nachhilfekosten von den Eltern aus sozialen Gründen nicht bezahlt werden können, kann man mit dem Sozial- und Jugendamt Kontakt aufnehmen. Diese Institution kann dann prüfen, ob die Voraussetzungen für eine Kostenübernahme gegeben sind, insbesondere dann, wenn dem Schüler infolge des Leistungsproblems eine psychische Fehlentwicklung droht.

III Verhaltensprobleme und Verhaltenssteuerung

1 Typische Ursachen von Verhaltensproblemen

Schulische Verhaltensprobleme wirken sich vor allem im Unterricht störend und belastend aus. Alle 2,6 Minuten ergibt sich ein Anlaß, auf den ein Lehrer reagieren könnte. Häufige Anlässe sind: motorische Unruhe, Schwätzen, unkontrolliertes Dazwischenrufen, verbale Aggressionen, Mitarbeitsverweigerung. Nach neueren Schätzungen sind ca. 20 Prozent der Schüler als verhaltensproblematisch zu bezeichnen. Für die Behauptung, der Anteil dieser Schüler würde rapide zunehmen, gibt es jedoch keine empirischen Beweise (Keller 1989).

Wer Unterrichtsprobleme lösen möchte, muß sie zunächst einmal erklären lernen. Und dies kann er nur, wenn er über typische Ursachen Bescheid weiß. Aus schulpsychologischer Sicht gehören hierzu vor allem *organische Störungen, Entwicklungsstörungen, Familienprobleme* und *schulische Fehler*. Was darunter zu verstehen ist, wird im folgenden näher beleuchtet.

1.1 Organische Störungen

Auffälliges Verhalten kann körperlich bedingt oder mitbedingt sein. Allerdings ist der Anteil organischer Störungen nicht so groß, wie aus medizinischer Sicht bisweilen betont wird.

Die häufigste organische Problemursache ist die *minimale cerebrale Dysfunktion (MCD)*. Es handelt sich um eine leichtgradige Hirnfunktionsstörung, die durch kritische Ereignisse vor, während oder nach der Geburt hervorgerufen werden kann. Hauptursachen sind Schwangerschaftsvergiftungen, vorzeitige Plazentaablösungen, Sauerstoffmangel während der Geburtssituation, schwere Ernährungsstörungen oder Infektionskrankheiten im ersten Lebensjahr. Unter anderem kann sich diese Grundstörung in *Hyperkinese* (Zappelphilipp-Syndrom) und in *Affektkontrollpro-*

blemen auswirken. Schüler mit diesem Handicap haben es schwer, ihr Verhalten so zu steuern, daß es nicht mit den Erwartungen der Schule in Konflikt gerät. Aus Unwissenheit über die wahren Ursachen ihrer Störung begegnet man ihnen nicht selten mit Unverständnis, Ablehnung und häufigen Sanktionen. Folge davon sind Minderwertigkeitsgefühle, die sie durch Kaspern, Selbstverkleinerungen und Racheakte zu kompensieren versuchen (s. S. 67 f.).

Nach neueren, realistischen Schätzungen geht man davon aus, daß sich bei ca. zwei Prozent der Kinder und Jugendlichen hinter dem Verhaltensproblem eine MCD verbergen kann. Ergibt sich seitens der Schule bei einem Schüler ein solcher Verdacht, sollten die Eltern zu einer kinderärztlichen oder kinderpsychiatrischen Untersuchung motiviert werden. Im Falle einer Bestätigung des Verdachts kann der Arzt eine Therapie in die Wege leiten. Diese muß nicht unbedingt aus einer psychopharmakologischen Behandlung bestehen. Es gibt hierzu auch Alternativen wie psychomotorische Übungsbehandlungen oder heilpädagogische Maßnahmen, die in der Regel mit hilfreichen Ratschlägen zur familiären und schulischen Verhaltensförderung verbunden sind.

Zumindest im mitbedingenden Sinne können auch Umweltgifte im Entstehungsprozeß von Verhaltensproblemen eine Rolle spielen. Umweltgifte wie Blei, Cadmium oder Phosphate, die die toxikologischen Schwellenwerte überschreiten, können die Steuerung der Aufmerksamkeit und des Verhaltens beeinträchtigen.

Schließlich können, allerdings sehr selten, *Endokrinopathien* im Ursachenhintergrund von Verhaltensproblemen vorhanden sein. Zu diesen hormonalen Fehlsteuerungen zählen zum Beispiel Schilddrüsenfunktionsstörungen, in deren Gefolge es zu Unruhe- und Sozialverhaltensproblemen kommen kann.

Damit die Schule sich auf die Probleme organisch beeinträchtigter Kinder und Jugendlicher besser einstellen kann, ist es wichtig, daß der Lehrer im Gespräch mit den Eltern des Problemschülers auch nach der gesundheitlichen Situation fragt. Leider kommt es immer wieder vor, daß die Schule über Organstörungen nicht informiert ist und zum Nachteil des Problemschülers von falschen Ursachenerklärungen ausgeht.

Fallbeispiel

Kai, Klasse 3, ist ein verhaltensschwieriger Schüler, der seit dem Schulbeginn auffällig ist. Er wird durch kleinste Anlässe abgelenkt. Mit den

Banknachbarn knüpft er immer wieder Gespräche an. Häufig zappelt er mit den Füßen und den Händen. Bevor eine Frage zu Ende ist, platzt er mit den Antworten heraus. Die Klasse ärgert er, weil er in den Pausen andere unterbricht oder in Spiele hineinplatzt.

Diese Beobachtungen der Lehrer decken sich mit dem, was die Eltern von Kais außerschulischem Verhalten berichten. In der Elternsprechstunde fragt der Klassenlehrer gezielter nach der vorschulischen Entwicklungszeit. Es stellt sich heraus, daß während Kais Geburt Komplikationen auftraten und sein Temperament vom ersten Lebensjahr an von extremer Lebhaftigkeit gekenzeichnet war.

Auf Anraten des Klassenlehrers wenden sich die Eltern an die Ambulanz der Kinderklinik. Diese stellt in Zusammenarbeit mit dem Kinderpsychologen und der kinderneurologischen Abteilung eine minimale cerebrale Dysfunktion fest. Kai bekommt daraufhin einen Therapieplatz in der Psychomotorikgruppe der Kinderklinik. Gleichzeitig berät der Psychologe der Kinderklinik Elternhaus und Schule, wie sie mit Kai adäquat umgehen können. Durch diese Kombination von Maßnahmen verbessert sich in den kommenden Monaten Kais Selbststeuerung und Anpassungsfähigkeit.

1.2 Entwicklungsstörungen

Aktuelle Verhaltensprobleme wurzeln nicht selten in Störungen der psychischen Entwicklung. Manche Auffälligkeiten, die bei uns Erwachsenen auf Unverständnis stoßen, werden verstehbar, wenn wir die Entwicklungsgeschichte des Problemschülers erfahren. Zu Recht hat Kierkegaard einmal gesagt: „Das Leben können wir nur rückwärts verstehen."

Aus der Analyse von Verhaltensproblemen geht immer wieder hervor, daß der Schüler *in den ersten Lebensjahren gravierende Entwicklungsverletzungen* erlitten hat. Darunter fallen hartherzige, einengende Erziehungsmaßnahmen, Demütigungen sowie körperliche Bestrafungen und Mißhandlungen. Solche Traumen erzeugen Minderwertigkeitsgefühle und Affektstauungen, die nach Kompensation und Abreaktion drängen. So ist nicht verwunderlich, wenn der Liebesfrustrierte sich durch Störungen Zuwendung erkämpft, wenn der Gequälte seine Qualen durch Aggressionen loszuwerden versucht oder wenn der zu Hause Ohnmächtige in der Klassengemeinschaft nach Macht strebt. Diese Problemverhaltensweisen werden von unbewußten Botschaften gesteuert (s. Gräser/Lederer 1982), die da lauten können:

„Errege Aufmerksamkeit, damit man sich dir zuwendet."
„Übe Rache, wenn du verletzt worden bist."
„Verschaffe dir Geltung, sonst giltst du nichts."

Erreicht der Problemschüler bei der Umsetzung seiner unbewußten Botschaften Erfolge, entsteht ein Verhaltensstil, der seine künftigen zwischenmenschlichen Beziehungen bestimmt.

Es gibt auch Schüler, deren Entwicklungsstörung nicht darin besteht, daß sie gedemütigt und unterdrückt worden sind, sondern darin, daß sie kaum oder gar nicht die Existenz von Grenzen und Regeln erfahren haben. Die Kinderpsychologin Prekop (1988) nennt die Produkte dieser Fehlerziehung kleine Tyrannen. Es sind Kinder, die aufgrund fehlenden Halts und mangelnder Grenzziehung Macht über die Eltern erlangen. Im Verlauf der weiteren Entwicklung werden aus den kleinen Tyrannen große Tyrannen, denen die Eltern bis zur Selbstverleugnung zu Diensten sind. Kommen diese *haltlosen, verwöhnten Kinder* in die Schule, fallen sie auf durch massive soziale Anpassungsstörungen. Sie halten sich nicht an die Grundregeln des schulischen Gemeinschaftslebens und möchten immer im Mittelpunkt stehen. Sie handeln nach dem Lustprinzip und reagieren mit starker Aggression, wenn sie mit dem Realitätsprinzip konfrontiert werden.

Eine weitere Gruppe entwicklungsgestörter Schüler sind solche, die *Opfer einer vernachlässigenden, verwahrlosenden Erziehung* geworden sind. Der seelische Kontakt zwischen Eltern und Kind ist auf ein Minimum reduziert. Die elterliche Fürsorge besteht im wesentlichen aus der Befriedigung physischer Bedürfnisse. Nicht selten hat die Mutter schon während der Schwangerschaft und in den ersten Lebensmonaten das Kind emotional abgelehnt. Damit konnte nicht das entstehen, was der Entwicklungspsychologe Erikson (1979) Urvertrauen nennt. Infolge des Bindungsmangels fällt seelisch deprivierten Kindern die Identifikation mit erwachsenen Bezugspersonen schwer. Die weitere Konsequenz ist, daß somit die Verinnerlichung von Normen, also die Gewissensbildung, beeinträchtigt wird.

Aus der Sicht von Kohlbergs (1974) Modell der Moralentwicklung heißt dies, daß die soziale Anpassungsfähigkeit auf der Stufe der *präkonventionellen Moral* steckenbleibt (s. Abb. 10). Ihr Gewissen ist ein externes Gewissen. Sie zeigen nur dann positives Sozialverhalten, wenn Strafe droht oder wenn sie im Austausch für die Befolgung von Regeln und Aufträgen belohnt werden.

6. *Orientierung an universellen ethischen Prinzipien*
Richtschnur des sozialen Verhaltens sind die
Menschenrechte. Aus ihrem Blickwinkel wer-
den Normen gegebenenfalls in Frage gestellt.

5. *Sozialvertragliche Orientierung*
Der Law-and-Order-Standpunkt wird aufgelockert.
Soziale Verhaltensregeln sind zwar wichtig, aber sie
beruhen auf einem Vertrag, der verändert werden
kann.

Postkonventionelle Stufe

4. *Gesetz und Ordnung*
Positives Sozialverhalten erfolgt jetzt immer mehr aus
der Einsicht, daß Gesetze und Normen für das Zusammenleben in einer Großgruppe vonnöten sind.

3. *Guter Junge – liebes Mädchen*
Positives Sozialverhalten wird einer geliebten Person oder
Bezugsgruppe (Familie) willen gezeigt.

Konventionelle Stufe

2. *Instrumentelle Orientierung*
Man zeigt positives Sozialverhalten, um dadurch Belohnung, Befriedigung und Vorteile zu erhalten.

1. *Orientierung an Bestrafung und Gehorsam*
Ob ein Sozialverhalten gut oder schlecht ist, hängt von den Reaktionen
bzw. Sanktionen (z. B. Grenzziehung) einer machtausübenden Autorität ab.

Präkonventionelle Stufe

Abb. 10: Moralentwicklung nach Kohlberg (1974)

Obwohl ein Großteil der Entwicklungsstörungen sich in der Kindheit
ereignet, können bisher unauffällige Schüler auch in der Zeit der *Pubertät*
in eine Krise geraten. Dies ist der Fall, wenn Jugendliche

– sexuelle Bedürfnisse nicht adäquat verarbeiten und in ihre Persönlichkeit integrieren können,

- in Pubertätslernstörungen geraten und dabei starke Mißerfolgserlebnisse erleiden,
- in scharfe Ablösungskonflikte mit den Eltern verstrickt werden,
- keine eigene Ich-Identität finden und in den Bannkreis einer Außenseitergruppe gezogen werden,
- in eine Sinnkrise geraten und von Gefühlen der Sinnlosigkeit und Nutzlosigkeit heimgesucht werden.

Aus diesen Jugendkrisen resultieren Erregungs- und Spannungszustände, die häufig in der Schule abreagiert werden.

Fallbeispiel

Timo besucht die 7. Klasse der Hauptschule. Er wird als das Sorgenkind der ganzen Schule bezeichnet. Er stört und fällt auf, den ganzen Schultag lang. Er ist ständig auf der Suche nach Gesprächspartnern und Ablenkung. Bisweilen steht er im Unterricht auch mal auf und läuft herum. In den Pausen ist er häufig in Schlägereien verwickelt. Bisherige Erziehungs- und Ordnungsmaßnahmen waren meist nur von kurzer Dauer. Jetzt ist das Maß voll. Gestern hat Timo einen Mitschüler blutig geschlagen. Die Schule hat ihn vom Unterricht ausgeschlossen und an den Schulpsychologen zur Untersuchung weiterverwiesen.

Am nächsten Morgen erscheint Timo mit seiner Mutter bei mir. Ich bin erstaunt, denn ich hatte einen kräftigen, aggressiv dreinblickenden, stark pubertierenden Jugendlichen erwartet. Jetzt muß ich wahrnehmen, daß dieser Verhaltensgestörte ein schmächtiger, eher ängstlicher Junge ist, von geringer Körpergröße. Die Mutter macht einen gedrückten, verbitterten Eindruck. Sie beginnt gleich mit ihrer Lebens- und Familiengeschichte. Sie kommt aus armen Verhältnissen, hat wegen Timos älterem Bruder früh heiraten müssen. Und zwar einen sehr aggressiven Fernfahrer, der seine Lebensfrustrationen ständig an der Familie ausließ. Was seinem Egoismus im Weg stand, löste er mit psychischer und physischer Gewalt. Sowohl die Mutter als auch die Kinder bekamen häufig Prügel. Timo kam als stark verschüchtertes und ängstliches Kind in die Schule und hatte dort von Beginn an Eingliederungs- und Lernschwierigkeiten. Gegen Ende der zweiten Klasse trennte sich die Mutter von Timos Vater und zog in ein Haus, in dem ihre Eltern wohnten. Timo mußte die Schule wechseln. In der neuen Grundschule wurde er von seinen Klassenkameraden abgelehnt, gehänselt, gemieden. Seine Leistungen fielen rapide ab. Der Sonderschullehrer kam und überprüfte ihn. Sein Urteil lautete:

„Timo ist durchschnittlich begabt, aber verhaltensgestört. Er ist kein Fall für die Sonderschule."

Er riet der Mutter zu einer psychologischen Behandlung. Aus dem Rat wurde nichts. Timo wurde bis zur vierten Klasse mitgeschleppt. Anfang Klasse 4 begann er, sich bei der Klasse durch Kaspereien und Clownereien beliebt zu machen. Einer strengen und konsequenten Grundschullehrerin gelang es, dieses Symptom vorerst einzugrenzen. Diese Symptomatik flammte von neuem auf, als Timo in die fünfte Klasse der Hauptschule kam. Da kam ein neues Problem hinzu. Die Mitschüler entdeckten, daß Timo sich durch allerlei Schimpfnamen (z. B. sexistischer Art) leicht provozieren ließ und sich dabei furchtbar ärgerte – zur Freude der Mitschüler. Am Ende dieser Provokationen stand meist eine körperliche Auseinandersetzung, aus der Timo aufgrund seiner schmächtigen Konstitution meist als Verlierer den kürzeren zog.

Ende der Klasse 5 lernte Timos Mutter einen neuen Mann kennen und zog mit diesem in einem anderen Stadtteil zusammen. Wieder mußte Timo die Schule wechseln. Und es kam noch etwas Gravierendes hinzu. Timo mochte Mamas Freund nicht. Diesen empfand er als Eindringling, ja sogar als Bedrohung, weil die Mutter den neuen Mann von der ersten Stunde an als Erziehungsmittel einsetzte. Da Timo häufig über die Stränge schlug, indem er unpünktlich nach Hause kam, keine Hausaufgaben machte, schlampig war und Aufträge nicht erledigte und sie dieser Entwicklung nicht mehr Herr wurde, mußte der Freund Timo bestrafen. Dies geschah regelmäßig in Form von heftigen Schlägen. Der Erfolg war meist nur von kurzer Dauer.

Ohne Erfolg auf sein Verhalten war auch der Schulwechsel, von dem sich die neue Schulleitung therapeutische Wirkungen erhoffte. Der Klassenlehrer bemühte sich durch gezielte Maßnahmen, indem er beispielsweise für Timo einen netten Banknachbarn aussuchte, die Integration zu fördern. Nach ein paar Tagen war Timos Verhaltensbild wieder das alte. Er störte, raufte, keilte – und ärgerte alle. Er war wieder Außenseiter und versuchte, auf die alte Tour Aufmerksamkeit und Anerkennung zu erregen.

Die Mutter ist verzweifelt, sie kann sich Timos Verhalten nicht erklären: „Wir sind so streng, und trotzdem ist er so frech." Timo erklärt sich sein Verhalten lapidar so: „Die anderen ärgern mich, ich muß mich wehren."

1.3 Familienprobleme

In engem Zusammenhang mit Entwicklungsverletzungen und ungünstigen Erziehungshaltungen der Eltern sind Familienprobleme und deren Auswirkungen auf die Leistung und das Verhalten des Schülers zu sehen.

Darunter verstehen wir solche Schulprobleme eines Schülers, die ihren *Ursprungsort in der Struktur oder Dynamik der Herkunftsfamilie* haben. Oft sind es ja in einer problembelasteten Familie Kinder, die in die Rolle eines sogenannten „Symptomträgers" geraten.

Wie wir wissen, können als Folge von Lernstörungen Verhaltens- und Erlebensstörungen und umgekehrt entstehen, bzw. können beide Problembereiche miteinander kombiniert auftreten. Man spricht dann vom sogenannten „Teufelskreis Lernstörungen", also Prozessen, die sich wechselseitig in ungünstiger Weise verstärken.

Der Entstehungsort (Vorsicht vor Schuldzuweisungen!) kann in der Familie, in der Schulklasse oder in beiden sozialen Kontexten gleichzeitig sein.

Anhand eines Fallbeispieles wollen wir die häufig stattfindenden Übertragungen von Verhaltens- und Erlebensmustern von einem sozialen Kontext und wieder zurück näher erläutern:

Der achtjährige Tobias fällt u. a. dadurch in der zweiten Grundschulklasse auf, daß er enorme Schwierigkeiten hat, sich an die von der Klassenlehrerin gesetzten Regeln und Grenzen zu halten. Er stört den Unterricht durch häufiges „Hereinplatzen" mit seinen Unterrichtsbeiträgen ohne vorheriges Melden, Gespräche mit den Nachbarn, Umherlaufen im Klassenzimmer u. v. m. Außerdem sagt er des öfteren die Unwahrheit.

Die Verhaltensschwierigkeiten haben auch mittlerweile zu deutlichen Leistungsverschlechterungen geführt, die seine Klassenlehrerin mit den Verhaltensproblemen in Verbindung bringt.

Im Beratungsgespräch mit beiden Eltern erfährt die Klassenlehrerin dann, daß sich Tobias' Eltern (er hat noch einen fünf Jahre alten Bruder) in ihrem Erziehungsverhalten sehr uneinig sind: Die Mutter ist eher gutmütig, nachsichtig, inkonsequent, d. h., sie „fährt" die weichere Erziehungslinie. Das rührt u. a. daher, daß sie selbst aus einer sehr autoritären Herkunftsfamilie stammt und sich innerlich vorgenommen hat, ihren Kindern gegenüber weniger streng zu sein.

Tobias' Vater hingegen, dem das „Verwöhnen und Verhätscheln" des Tobias von seiten seiner Frau ein Dorn im Auge ist, versucht strenger und konsequenter zu sein. Allerdings ist er tagsüber bei der Arbeit, und seine Frau ist sozusagen „zuständig" für die Bereiche Kindererziehung und

Schule. Abends, wenn er von der Arbeit heimkommt, läßt er sich manchmal noch die Hausaufgaben von Tobias zeigen und ihn die schlampig gemachten Teile nochmals abschreiben. Das führt immer wieder zu Tränen bei Tobias und bringt die Mutter dazu, sich schützend vor ihn zu stellen bzw. gemeinsam mit ihm schulische Mißerfolge und Hausaufgaben vor dem Vater zu verbergen.

Der Vater ist übrigens allgemein eher nach außen orientiert: Als Manager mit viel Außendienst und Hobbys wie Bergsteigen und Tennis, hat er wenig Zeit für seine Frau und die Kinder übrig.

Das unterschiedliche Erziehungsverhalten der Eltern wiederum führt bei Tobias zu Verwirrungen hinsichtlich der Gültigkeit von Regeln und Grenzen. Was gilt? Vaters Regeln oder Mutters Regeln?

Wie viele Kinder in dieser Situation schlägt Tobias sich innerlich auf die Seite des „bequemeren" Elternteils, d. h. auf die Seite der Mutter. Außerdem hat er gelernt, daß man den strengen Vater ab und zu hinters Licht führen kann und es mit der Wahrheit nicht so genau nehmen muß.

Diese beiden Verhaltensmuster, nämlich Regeln zu mißachten und es mit der Wahrheit nicht so genau zu nehmen, überträgt Tobias nun auf einen anderen sozialen Kontext, nämlich seine Schulklasse. Dort macht er außerdem die Erfahrung, daß er als „Störenfried" eine Menge Aufmerksamkeit bekommt: negative von der Klassenlehrerin, die ihn ermahnt und bestraft, positive von den Klassenkameraden, die über seine Unterrichtsstörungen lachen oder sich von ihnen anstecken lassen.

Freilich bleibt dabei weniger Energie für aufmerksames und konzentriertes Unterrichtsverhalten übrig. Aber statt durch gute Leistungen, kann er durch Kaspereien Bewunderung von den Mitschülern erreichen.

Die Rückmeldungen der schwachen Schulleistungen durch die Klassenlehrerin an die Mutter führen dann wieder dazu, daß diese meint, sich noch mehr um die Hausaufgaben ihres Sohnes kümmern zu müssen, was bei ihm wiederum dazu führt, sich noch weniger anzustrengen.

Die Klagen der Klassenlehrerin über Tobias' Verhaltensschwierigkeiten führen beim Vater dazu, seiner Frau Vorwürfe zu machen und Tobias noch härter anzupacken. Bei Tobias' Mutter lösen die Vorwürfe des Vaters und sein härteres Durchgreifen eine Verstärkung ihres Schutzbedürfnisses für Tobias aus usw.:

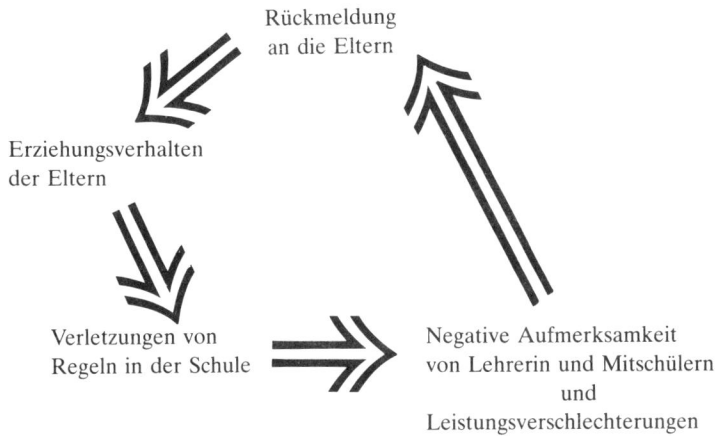

Abb. 11: Fall „Tobias"

Erläuterung: Wir haben es also mit sich wechselseitig verstärkenden Ketten von Musterübertragungen aus der Familie in die Schule und wieder zurück zu tun.

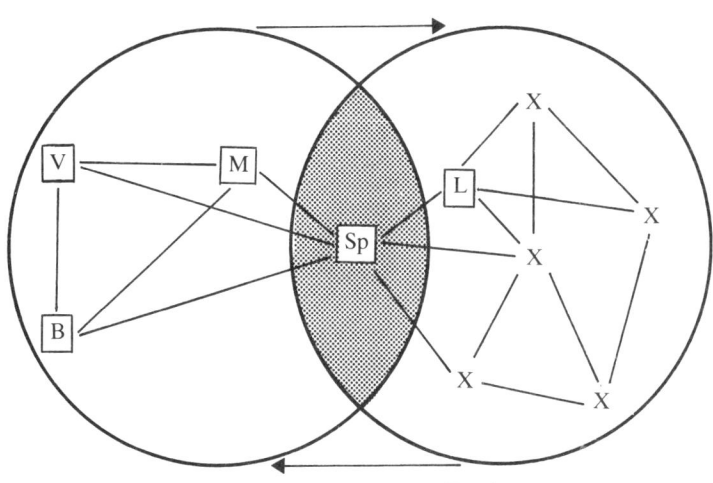

V: Vater
M: Mutter
Sp: Schüler mit Schulproblemen
L: Lehrer

B: Bruder
X: Mitschüler
⇌: Wechselwirkung

Abb. 12: Der Problemschüler in seinem sozialen Netzwerk (aus Hennig/ Knödler 1987, S. 25).

Wir sehen den Schüler mit Schulproblemen nicht als isoliertes Individuum, sondern als eingebettet in zwei für ihn ganz zentrale soziale Bezugssysteme, zwei Netzwerke von Beziehungen, nämlich den Systemen Familie und Schulklasse.

Er wird von den Mitgliedern beider Systeme beeinflußt und beeinflußt sie wiederum durch sein Verhalten. Es handelt sich sozusagen um eine „Doppel-Mitgliedschaft" in der Familie und in der Schulklasse.

Dazu Hennig/Knödler (1987, S. 30): „Wir gewichten ganz bewußt diese beiden für den Schüler wichtigsten Bezugssysteme nicht gleich stark. Unseren Beobachtungen nach ist es in der Regel so, daß das System ‚Schulklasse' eher das ‚Schlachtfeld' ist, die öffentliche Bühne, auf dem der Schüler das ausagiert, was sich im privaten System Familie an emotionalem Streß (z. B. offener oder verdeckter Ehekonflikt der Eltern) angestaut hat. Das Familiensystem ist unseren Beobachtungen nach das wesentlich wichtigere und einflußreichere von beiden, weil der Schüler schon sechs bis sieben Jahre vor Schuleintritt bereits dessen Einflüssen ausgesetzt ist. Ferner sind Eltern und Geschwister selbstverständlich wichtigere Bezugspersonen als Lehrer und Mitschüler, auch wenn in der Pubertät der Einfluß der Peergroup immer bedeutender wird.

Das soll aber keineswegs einen Freibrief für die Schule insofern darstellen, als sie mit dem Finger auf die Familie des Schülers zeigen und sagen kann: ‚Wir haben es ja immer schon gesagt, die Familie ist schuld.' Denn natürlich können auch Unterrichtsgestaltung, Lehrerpersönlichkeit sowie Klassenklima das Schülerverhalten massiv beeinflussen und auch zu Störungen führen."

Ferner sehen wir Symptome, sofern sie nicht aufgrund einer Überforderung (Begabungsmängel, frühkindliche Hirnschädigung usw.) ihre Ursache in der Person des einzelnen Schülers haben, als verzweifelte Versuche an, mit emotionalem Streß, destruktiven Interaktionen u. ä. in einem der beiden oder beiden sozialen Beziehungssystemen (Familie und Schulklasse) zurechtzukommen.

Symptome sind sozusagen Problemlösungsversuche, die Probleme schaffen oder aufrecht erhalten. Die Problemlösung wird so zum Problem. Symptome haben stets eine Funktion, auch wenn sie meist auf den ersten Blick nicht erkennbar ist.

Im folgenden wollen wir die verschiedenen Betrachtungsebenen eines Symptoms anhand einer Skizze und eines Fallbeispiels verdeutlichen:

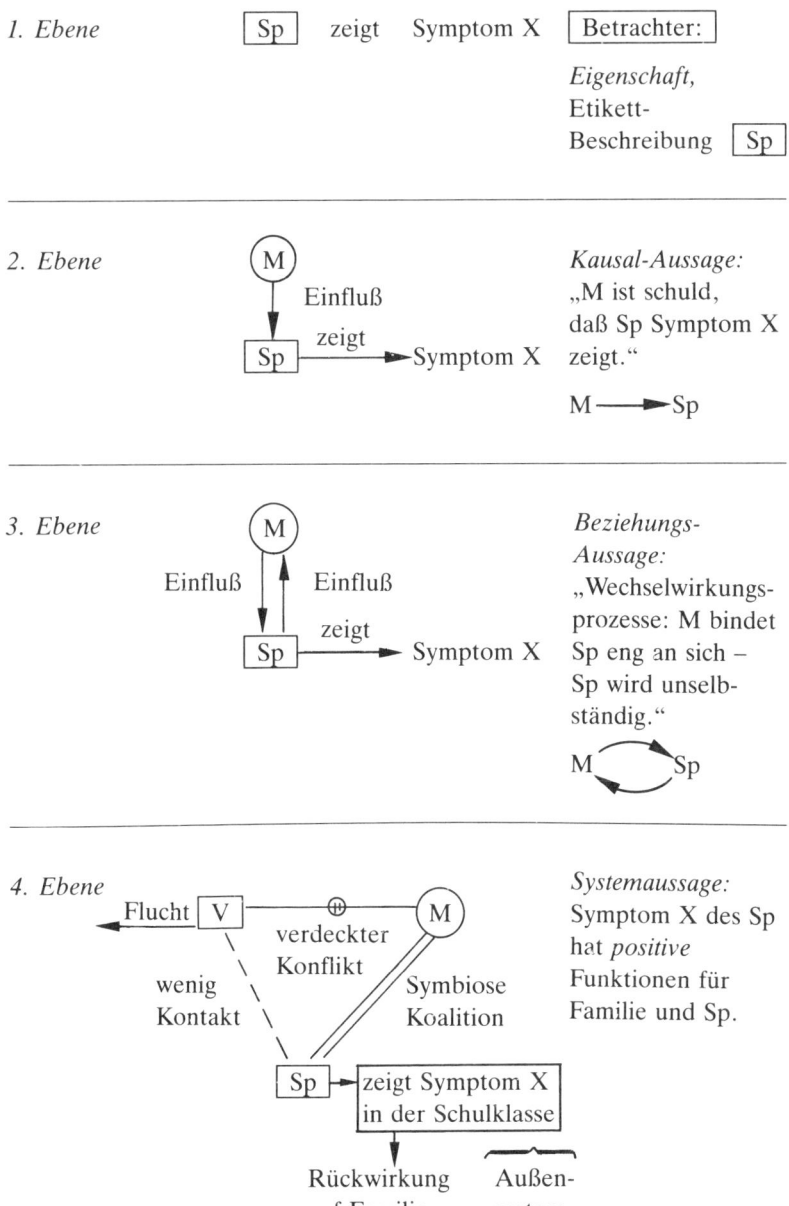

1. *Ebene*   Sp   zeigt   Symptom X   Betrachter:

Eigenschaft,
Etikett-
Beschreibung   Sp

2. *Ebene*   M

Einfluß

Sp —— zeigt ——► Symptom X

Kausal-Aussage:
„M ist schuld,
daß Sp Symptom X
zeigt.“

M ——► Sp

3. *Ebene*   M

Einfluß   Einfluß

Sp —— zeigt ——► Symptom X

*Beziehungs-
Aussage:*
„Wechselwirkungs-
prozesse: M bindet
Sp eng an sich –
Sp wird unselb-
ständig.“

M ⌒ Sp

4. *Ebene*

Flucht V ———⊕——— M
         verdeckter
wenig   Konflikt
Kontakt   Symbiose
           Koalition

Sp — zeigt Symptom X
in der Schulklasse

Rückwirkung   Außen-
auf Familie   system

Systemaussage:
Symptom X des Sp
hat *positive*
Funktionen für
Familie und Sp.

*Abb. 13: Mögliche Betrachtungsweisen eines Symptoms (Welchen Fokus
wähle ich?) Abkürzungen: Sp: Schüler mit Schulproblemen; M: Mutter; V:
Vater*

Wir können Symptome mit einem relativ engen oder sehr weiten Fokus betrachten. Wenn wir den Fokus sehr verengen (1. Ebene), können wir zum Beispiel Tobias' Verhaltensschwierigkeiten etikettierend beschreiben, sozusagen als isolierte Eigenschaft, wie z. B. er sei „ungezogen", „unkonzentriert" oder „verhaltensgestört" bzw. „verlogen" usw. Die Eigenschaften werden ihm gleichsam zugeschrieben wie „blaue Augen" oder „blonde Haare".

Eine nützlichere Beschreibung auf dieser ersten Betrachtungsebene wäre es dann schon, wenn konkret sein Verhalten ohne Wertung geschildert würde, also zum Beispiel: „Er zeigt sich öfters nicht in der Lage, Arbeitsanweisungen der Klassenlehrerin auszuführen." Oder: „Er hält sich vor allem während der Gruppenarbeitsphasen nicht an die vereinbarten Regeln." Oder: „Er spricht im Unterricht häufig mit seinen Nachbarn" usw. Zwar können diese Beschreibungen durchaus zutreffend sein, aber sie erklären das Verhalten des Tobias nicht.

Begeben wir uns als Beobachter des Tobias auf die zweite Ebene und erweitern den Fokus etwas, indem wir die Mutter miteinbeziehen, könnten wir zu *Kausalaussagen* etwa der folgenden Art kommen: „Weil die Mutter Tobias bei den Hausaufgaben stets hilft, hat er nicht gelernt, sie selbständig zu machen." Oder: „Weil die Mutter ihm keine Grenzen zu Hause setzt, kann Tobias auch nicht gesetzte Grenzen in der Schule akzeptieren", usw.

Hier haben wir zwar nicht nur die isolierten Verhaltensweisen des Tobias im Blickpunkt, sondern berücksichtigen den Einfluß der Mutter mit. Die Gefahr solcher Kausalaussagen ist allerdings die einer schnellen *Schuldzuweisung* an die Mutter nach dem Motto: „Kein Wunder, daß Tobias sich so verhält – bei *der* Mutter."

Eine Symptombetrachtungsweise auf der dritten Ebene würde auch die Mutter im Blickfeld haben, aber nicht nur ihren Einfluß auf Tobias, sondern auch seinen Einfluß auf die Mutter mitberücksichtigen. Eine *Beziehungsaussage* könnte dann etwa wie folgt lauten: „Indem Tobias unselbständiges Arbeiten bei den Hausaufgaben zeigt und die Mutter herausfordert, ihm zu helfen, und indem die Mutter ihm tatsächlich hilft, lernt Tobias nicht, seine Hausaufgaben selbständig zu machen!" Hier haben wir es immerhin mit einer Doppelbeschreibung, einer sogenannten zirkulären Beschreibung, zu tun. Die Interaktionsprozesse werden also nicht nur von der Warte eines der beiden Beteiligten, sondern von den Standpunkten beider Betroffener aus betrachtet.

Da jedoch Mutter und Sohn nicht allein zusammenleben, sondern noch ein Vater (und ein jüngerer Bruder, den wir hier jetzt nicht mit berücksichtigen) mit zur Familie gehört, würde eine nochmalige Fokuserweiterung die Interaktion zwischen Tobias, seiner Mutter und seinem Vater mit einbeziehen (Ebene 4).

Außerdem betrachten wir nicht nur die Auswirkungen der Beziehungs- und Erziehungsprobleme der Familie auf die Schule, sondern auch die Rückwirkungen der in der Schule gezeigten Leistungs- und Verhaltensprobleme auf die Familie (s. o.).

An unserer zunehmenden Fokuserweiterung von der individuellen Ebene (Ebene 1) bis zur Systemebene der Eltern-Kind-Interaktion (Ebene 4) können wir auch die verschiedenen Funktionen, die ein Symptom in der Schule und in der Familie hat, zunehmend klarer erkennen:

– Tobias erhält Aufmerksamkeit und Zuwendung von der Lehrerin und den Klassenkameraden.
– Die Mutter erhält einen „Kontaktersatz" für den häufig abwesenden Ehemann.
– Der Vater wird als möglicher Helfer zur Beseitigung der Schulschwierigkeiten wieder wichtiger, indem die Mutter ihm mehr und mehr signalisiert, daß sie alleine nicht mit den Problemen fertig wird.
– Tobias Probleme können vom verdeckten Paarkonflikt der Eltern ablenken (so kann die Mutter unter den mangelnden Kontakten mit dem Ehemann leiden, dies ihm gegenüber aber nicht klar und offen äußern).
–Tobias Probleme können die Eltern im gemeinsamen Abwehrkampf gegen die Schule bzw. die Klassenlehrerin zusammenschweißen.
– Der Vater muß sich gezwungenermaßen mehr mit Tobias auseinandersetzen, als dies der Fall wäre, wenn alles zu Hause und in der Schule „glatt" liefe usw.

Es gibt also unserer Überzeugung und Erfahrung nach bei jedem Symptom, das nicht auf der individuellen Ebene des einzelnen Schulkindes angesiedelt ist, wie z. B. Begabungsmängel, körperliche Einschränkungen, Allergien, Benutzung falscher Lernkanäle usw., zwei Seiten: Eine nach *außen sichtbare destruktive,* die scheinbar in selbstzerstörerischer Weise das schulische Fortkommen des Schülers behindert, und eine *verdeckte konstruktive Seite,* die einen Versuch darstellt, mit einer psychisch belastenden Situation fertig zu werden. Diese Prozese laufen selbstverständlich unbewußt und nicht absichtlich oder geplant ab.

1.4 Schulische Fehler

Bei der Suche nach den Ursachen darf die Schule als Einflußfaktor nicht ausgeklammert bleiben. Mängel in der Erziehung, in der Kommunikation und in der Unterrichtsmethodik fördern die Entstehung von Verhaltensproblemen.

Ein elementarer Fehler, der bei der Ursachenforschung häufig gefunden wird, ist *uneiniges Erzieherverhalten*. Rutter (1980) hat in seiner Studie den Beweis erbracht, daß dort, wo der minimale pädagogische Konsens fehlt, signifikant mehr Verhaltensprobleme auftreten. Wenn Lehrer in bezug auf grundsätzliche Erziehungsziele und Erziehungsmethoden sich stärker unterscheiden, wird dies von den Schülern rasch erkannt und gnadenlos ausgenutzt. Zieht der eine die Grenzen zu eng und der andere zu weit, wird beim letzteren das Ventil geöffnet und kräftig über die Stränge gehauen.

Ein ebenso gravierender Fehler ist *mangelnde Konsequenz*. Wenn wichtige Normen und Regeln verletzt werden, warten manche Lehrer zu lange mit einer deutlichen Reaktion, ja werden nicht selten durch eine „Beißhemmung" blockiert. Andere reagieren zwar, senden dabei aber unpräzise Botschaften oder kündigen Konsequenzen an, die dann doch nicht erfolgen. Wieder andere praktizieren einen verwirrenden Erziehungsstil, indem sie ein Fehlverhalten das eine Mal ahnden und das nächste Mal nicht. Kurz und gut: Überall dort, wo die Folgen eines gravierenden Fehlverhaltens unklar sind, wächst die Wahrscheinlichkeit, daß es sich wieder ereignet.

Wer stört, gibt bisweilen auch das zurück, was ihm ein Lehrer an *Kränkungen* zugefügt hat. Entmutigende, ehrverletzende Killerbotschaften können sowohl einen Schüler als auch eine Klasse zur Rache reizen. Diese kann sich gegen den Aggressor richten oder auf Ersatzziele. Ein Ersatzziel kann die Wand des Schulgebäudes sein, auf die Attacken gegen den „Ehrverletzer" gesprüht werden.

Eine weitere Problemursache ist der *Beziehungs- und Begegnungsmangel*. Kinder und Jugendliche haben ein starkes Beziehungsbedürfnis, das befriedigt sein will. Wenn die Beziehung des Lehrers zu den Schülern hauptsächlich auf der Stoffebene stattfindet, wird das Beziehungsbedürfnis frustriert, entsteht seelischer Hunger. Dies ist nicht selten der Anlaß zur „Nebenkommunikation", sprich zu massivem Schwätzen.

Mancher Disziplinkonflikt wird auch durch *Wahrnehmungsstereotypen* verursacht, worunter eine Brille zu verstehen ist, die nur das durchläßt, was den Vorurteilen des Lehrers entspricht. Wird Peter beim Raufen erwischt, erhält er das Etikett „Schläger". Die 8a, die sich auf dem Ausflug vorbeibenimmt, wird zur Problemklasse ernannt. Oft bleibt den Etikettierten nichts anderes übrig, als sich gemäß dem Wahrnehmungsstereotyp zu verhalten, ganz im Sinne einer sich selbst erfüllenden Prophezeiung.

Unterrichtsstörungen werden dort wahrscheinlicher, wo derjenige, der mit den Schülern kommuniziert, mit dem Körper etwas anderes ausdrückt, als in seiner sprachlichen Botschaft enthalten ist. Mit schwacher Stimme bittet er um Ruhe. Mit angstbesetztem Gesicht warnt er den Frechen vor einer Wiederholungstat. Fernab vom Unruheherd versucht er diesen zu bekämpfen. Hinter dem Pult sich verschanzend, bemüht er sich krampfhaft um einen besseren Kontakt zur Klasse.

Der Kommunikator liegt auch falsch, wenn er meint, durch möglichst viele Appelle das Verhalten der Schüler steuern zu können. „Gregor, dreh dich um!" „Petra, sei still!" „Paßt endlich auf!" . . . Die Wirkung des massierten Appellierens bewirkt eine starke Abneigung gegen den Sender. Über kurz oder lang bekommen die Schüler das, was der Kommunikationspsychologe Schulz von Thun (1981, S. 214) als *„Appell-Allergie"* bezeichnet. Wie der erfolglose Hautarzt immer ein Mehr derselben Hautsalbe verordnet, wendet der erfolglose Lehrer jedesmal ein Mehr derselben Kommunikationsstrategie an.

Wer auf der Suche nach schulischen Ursachen von Verhaltensproblemen ist, muß letztlich noch einen kritischen Blick auf die *Unterrichtsmethode* werfen. Sie erzeugt dann Konflikte, wenn

– die Schüler über- oder unterfordert werden durch zu schwierige oder zu leichte Stoffdarbietung,
– die Unterrichtsform nicht gewechselt wird bzw. handlungsorientierte Phasen zu kurz kommen,
– Arbeitsanweisungen nicht klar genug formuliert werden,
– durch mangelnde Unterrichtsplanung der Unterrichtsablauf immer wieder ins Stocken gerät.

Fallbeispiel

Frau M. ist Klassenlehrerin einer 7. Realschulklasse.
Sie unterrichtet die Fächer Deutsch und Englisch. Sie tut sich momentan mit der Unterrichtsführung schwer. Sie kritisiert, daß die Klasse zu laut sei, zuviel geschwätzt werde und sie immer wieder durch unkontrolliertes

Dreinreden unterbrochen werde. Außer dem Kunstlehrer teilen die übrigen Kolleginnen und Kollegen die Kritik an der Klasse nicht. Deshalb beginnt die Suche nach Frau M.s Fehlern.

Aus der Unterrichtsanalyse geht zunächst hervor, daß Frau M. gegen beginnende Unruhe wenig unternimmt. Sie sieht zu, wie sich die Unruheherde ausbreiten. Erst wenn der Geräuschpegel stark angestiegen ist, kämpft sie gegen die Unruhe an. Sie appelliert dann in kurzen Abständen an die gesamte Klasse, ruhiger zu sein. Nützt dies nicht, schreit sie einzelne Schüler an. Teils werden diese ruhig, teils setzen diese das Störverhalten mit provozierenden Äußerungen fort. Den hartnäckigen Störern droht sie härtere Sanktionen an, die aber nur sehr selten durchgeführt werden, und zwar meist in Form von Klassenbucheinträgen.

Am nonverbalen Verhalten von Frau M. fällt auf, daß sie förmlich am Pult klebt. Von dort aus versucht sie das Klassengeschehen zu überschauen und zu steuern. Wenn sie ihren Unmut über die Störungen zum Ausdruck bringt, steht sie auf, hält mit den Händen das Pult und schreit mit hoher Stimme.

Frau M.s Unterrichtsform ist stark an das Buch gebunden. Sie läßt lesen und Übungen machen. Unterrichtsformen, die das Kommunikations- und Tätigkeitsbedürfnis der Schüler ansprechen, sind selten.

Frau M. hat auch bisher so gut wie keine Gespräche mit der Klasse über Wünsche, Sorgen und das Gemeinschaftsleben betreffende Themen geführt.

2 Strategien der Verhaltenssteuerung

Manche Verhaltensprobleme sind so kompliziert, daß es den Lehrer fachlich und psychisch überfordern würde, wollte er sie lösen. In solchen Fällen, wo ein Verdacht auf organische Störungen, Entwicklungsstörungen, gravierende Familienprobleme vorliegt, besteht die Chance einer Problemlösung einzig und allein in der Weiterverweisung an außerschulische Fachleute (Kinderarzt, Schulpsychologischer Dienst, Psychologische Beratungsstelle). Dennoch hat der Lehrer genügend Kompetenzen und Ressourcen, um nicht wenige Verhaltensprobleme zu lösen. Darunter fallen vor allem jene, die durch schulische Fehler bedingt oder mitbedingt sind. Diese kann er durch eine bessere Erziehungs- und Kommunikationsstrategie abbauen oder gar vermeiden.

2.1 Verhaltenspsychologische Strategien

Wenn eine Disziplinstörung auftritt, lautet die allererste Frage: „Soll ich reagieren oder nicht?" Aus der Sicht der orthodoxen Verhaltenspsychologie hieß die Antwort lange Zeit: „Versuche die Störung möglichst zu ignorieren!" Begründet wurde diese Empfehlung damit, daß das Fehlverhalten durch die Reaktion des Lehrers verstärkt werde. Der Schüler erhalte die Anerkennung, die er durch die Störung erreichen möchte.

Bei der sklavischen Anwendung dieser Regel haben nicht wenige Lehrer Schiffbruch erlitten. Denn es wurde nicht bedacht, daß viele Störer trotz der Ignorierung durch den Lehrer von der Klasse Verstärkung erhalten. Reagieren diese nämlich auf die Störung mit Freude und Zustimmung, wird das Problemverhalten belohnt. Das Ignorieren ist auch fehl am Platz, wenn es sich beim Fehlverhalten um gravierende Normverletzungen handelt.

Wirksam ist das *Ignorieren* nur bei leichteren Störungen und bei Schülern, die bisher eher selten negativ aufgefallen sind. Möchte man dem Klassenkasper durch diese Methode den Wind aus den Segeln nehmen, muß man im Sinne einer kooperativen Verhaltensmodifikation die Klasse dazu motivieren, diesen nicht mehr zu verstärken.

Stört ein Schüler den Unterricht nachhaltig, muß reagiert werden. Zum Beispiel dann, wenn er immer wieder dazwischenruft, andere provoziert oder Arbeitsaufträge nicht ausführt.

Je nach dem Grad und der Häufigkeit der Störung sind folgende Reaktionen möglich:

- *eine sanfte Ermahnung:* „Pst, nicht schwätzen!",
- *eine Ich-Botschaft:* „Deine Unaufmerksamkeit ärgert mich!",
- *eine präzise Aufforderung:* „Warte, bis du drankommst!",
- *ein mit Verständnis gekoppeltes Verbot:* „Ich kann ja verstehen, daß der Unterricht nicht immer interessant ist, aber schwätzen sollst du trotzdem nicht!",
- *ein mit Verständnis gekoppeltes Verbot plus Androhung einer Strafe:* „Ich kann ja euren Appetit verstehen, aber jetzt wird nicht gegessen. Wer es dennoch tut, bekommt eine Strafarbeit!

Haben diese Botschaften keine Wirkung, muß auf das Problemverhalten konsequenterweise eine *Strafe* folgen, muß der Schüler mit der Existenz von Grenzen und Regeln härter konfrontiert werden. Obwohl die Wirkung von Strafen eine Zeitlang angezweifelt worden ist, spricht sich die

Pädagogische Psychologie neuerdings wieder für ihren begrenzten Einsatz aus (s. Gage/Berliner 1986, S. 302 ff.).

Bei der Anwendung dieses Erziehungsmittels sollte man erstens beachten, daß es unmittelbar nach dem Fehlverhalten angewandt wird. Zweitens muß die Strafe der Tat angemessen sein. Drittens sollte sie altersgemäß sein. Viertens sollte sie begründet werden. Und fünftens darf der Schüler durch den verbalen Kommentar in seinem Selbstwert- und Ehrgefühl nicht verletzt werden. Der Kommentar muß zwischen Tat und Täter unterscheiden. Andernfalls produzieren die durch ihn hervorgerufenen Haß- und Rachegefühle die nächste Tat.

Strafen sollten nicht nur aus typischen Sanktionsformen wie Strafarbeiten, Eintrag, Verweis oder Ausschluß bestehen. Gerade bei Kindern und Jugendlichen sollte von der *Wiedergutmachung als Sanktionsform* öfter als üblich Gebrauch gemacht werden. Nach Schreiner (1981) wirkt diese Problemlösung beim Bestraften förderlicher auf die Gewissensentwicklung und verhindert eher den Wunsch nach Vergeltung.

Eine andere Form der Bestrafung ist der Einzug von Annehmlichkeiten. Zum Beispiel könnte dies bedeuten, daß der Problemschüler von einer Klassenfahrt oder von einem Schulfest ausgeschlossen wird.

Trotz nicht zu verleugnender Wirkung sollten Bestrafungen eher sparsam durchgeführt werden, und erst dann, wenn andere pädagogisch-therapeutischen Mittel versagt haben oder zum Schutz der körperlich-seelischen Unversehrtheit von Schülern gehandelt werden muß.

Übung (nach Hirschfeld/Schmiedeberg 1978)

Präzise Aufforderung

Globale Verbote sind für den Schüler nicht deutlich genug, sie stiften Unsicherheit. Der Lehrer muß deshalb genau sagen, was der Schüler tun soll.

Beispiel:

Präzise Aufforderung	Globales Verbot
„Hängt die Taschen an die Haken eurer Tische!"	„Laßt die Taschen nicht in der Gegend herumliegen!"

Aufgabe:

Finden Sie zu den globalen Verboten präzise Aufforderungen, die den Schülern klarmachen, was Sie von Ihnen erwarten!

Präzise Aufforderung	Globales Verbot
1.	„Schmeißt das Papier nicht herum!"
2.	„Redet nicht durcheinander!"
3.	„Trödelt nicht herum!" (Nach der Pause stehen die Schüler noch in der Klasse herum.)

2.2 Körperspachliche Strategien

Die unterrichtliche Verhaltenssteuerung läuft auf zwei Ebenen ab, auf der verbalen und auf der nonverbalen. Die verbalen Botschaften des Lehrers werden durch die Körpersprache ergänzt, verdeutlicht und strukturiert. Falls der verbale und der nonverbale Anteil einer Botschaft nicht übereinstimmen, dominiert bei der Decodierung der nonverbale. Bittet man mit zitternder Stimme um Ruhe, schließen die Schüler daraus: „Der hat Probleme, seine Forderung durchzusetzen, also können wir weiter stören."

Zentrale Medien körpersprachlicher Kommunikation sind die Stimme, das Blickverhalten, die Mimik, die Gestik, die räumliche Distanz und die Körperstellung vor der Klasse (s. Heidemann 1983).

Das naheliegendste nonverbale Steuerungsmittel ist die *Stimme*. Sie macht es möglich, dem Empfänger mitzuteilen, wie ernst und entschieden etwas gemeint ist. Dies soll aber nicht so verstanden werden, als müßte man jede Regulationsbotschaft in Form eines Brüllers loslassen. Eine kräftigere Stimme genügt, um Aufmerksamkeit zu mobilisieren und zu bewirken, daß der Schüler oder die Klasse die Ernsthaftigkeit des Gesagten verstehen. Wer Probleme mit seiner Stimmkraft hat, kann es auch anders herum probieren, indem er leiser wird oder plötzlich schweigt. Diese Strategie vermag Störverhalten ebenso zu blockieren.

Eine wirksame Möglichkeit, Störverhalten zu regulieren, ist der *Blick*. Man sollte ihn so schweifen lassen, daß sich alle Schüler im Blickfeld befinden. Kounin (1976) nennt dies Allgegenwärtigkeit. Sie ist mit das wichtigste Merkmal erfolgreicher Klassenführung. Bei den Schülern entsteht der unmißverständliche Eindruck, daß der Lehrer das Klassenzimmer unter Kontrolle hat.

Der Blick darf aber nicht nur als Kontrollmittel eingesetzt werden, sondern er kann auch eine freundliche Interaktion mit der Klasse anbahnen helfen. Heidemann (1983) empfiehlt diesbezüglich, daß der Lehrer zum Beginn der Stunde mit den freundlich dreinblickenden Schülern, den Plus-Leuten, Blickkontakt aufnimmt.

Wer den Schülern Stimmungen übermitteln möchte, muß von seiner *Mimik* Gebrauch machen. Dies funktioniert nur, wenn man sein Gesicht den Schülern offen zuwendet. Sie können dann die nonverbale Botschaft ohne Schwierigkeiten decodieren. Ein finsteres Gesicht sagt ihnen: „Oh, jetzt kann man mit ihm nicht spaßen, Schluß mit der Störung!" Ein neutrales Gesicht drückt aus, daß jetzt Sachlichkeit verlangt wird. Mit einem freundlichen Gesicht signalisiert man, daß man sich in der Klasse momentan wohlfühlt, einen Schüler mag oder eine Leistung anerkennt.

Mit der Gestik kann man dem Gesagten Nachdruck verleihen, etwas illustrieren und nicht zuletzt ein Geschehen dirigieren. Wer mit der Gestik führen möchte, sollte dies mit hochgehaltener Hand tun, mit den Armen in Brusthöhe und mit nach oben zeigender Handfläche. Zu vermeiden ist, Schülern die Faust zu zeigen oder mit gestrecktem Zeigefinger auf sie zuzulaufen.

Was die *räumliche Distanz* als Steuerungsmittel betrifft, heißt die Grundregel: je näher der Lehrer, desto besser die Anpassungsbereitschaft. Stört jemand oder entsteht ein Unruheherd, sollte man in das betreffende Territorium eindringen, das ab 1,20 Meter vom Körper beginnt. Der Eintritt ins Territorium wirkt bedrohlich, das Negativverhalten wird unterbrochen.

Auch die *Körperstellung* beeinflußt das Disziplingeschehen. Ein elementarer Fehler ist es, den Großteil des Unterrichts hinter dem Pult zu verbringen. Wenn es um die Mitteilung wichtiger, regulativer Botschaften geht, sollte man aufrecht vor der Klasse stehen und sich mit der ganzen Körperbreite präsentieren. Und wer einen Tafelanschrieb kommentiert, sollte sich umdrehen und zur Klasse sprechen.

Bleibt schließlich zu erwähnen, daß die körpersprachliche Verhaltenssteuerung dann besonders wirksam ist, wenn sie mehrkanalig abläuft.

Beispielsweise kann man mit erhobener Hand die ganze Klasse um Ruhe bitten und das Problemverhalten eines einzelnen Schülers mit dem Blick und der Mimik regulieren.

Übung

Lassen Sie von einer Person Ihres Vertrauens eine Ihrer Unterrichtsstunden mit der Videokamera aufnehmen! Analysieren Sie Ihre Körpersprache nach den in diesem Kapitel genannten Kriterien! Falls Sie gravierende Kommunikationsfehler entdecken sollten, so versuchen Sie diese gezielt abzubauen! Lassen Sie sich von derselben Person nach etwa einem Monat erneut filmen! Bewerten Sie dann gemeinsam, in welchem Maße Ihnen der Abbau der Kommunikationsfehler gelungen ist! Setzen Sie sich gegebenenfalls neue Änderungsziele!

Vielleicht wird Ihre Kollegin oder Ihr Kollege durch diese Übung dazu motiviert, auf dieselbe Art und Weise an der eigenen Körpersprache zu arbeiten.

2.3 Systemische Strategien im Klassenzimmer

Wie wir bereits dargelegt haben, sehen wir den Schüler mit Schulproblemen in einer Doppelmitgliedschaft zu den beiden zentralen Bezugssystemen Familie und Schulklasse.

Weil Familienprobleme sich auf die Schulklasse und Schulprobleme auf die Familie auswirken bzw. sich wechselseitig verstärken können, können Veränderungsstrategien in der Familie, in der Schulklasse oder parallel in beiden sozialen Bezugssystemen ansetzen.

In diesem Kapitel wollen wir Lehrerinnen und Lehrern Strategien zur Reduzierung störender Schülerverhaltensweisen vorstellen, die von einer systemischen Sichtweise der Schulklasse und damit auch den in der Klasse gezeigten Verhaltensproblemen ausgehen.

Was verstehen wir unter „*systemisch*"? Sehr verkürzt ausgedrückt meinen wir damit, daß problematisches Verhalten im Klassenzimmer (analog wie in der Familie) als Teil des sozialen Umfeldes angesehen wird, aus dem es nicht isoliert werden kann.

Störende Verhaltensweisen einzelner Schüler beeinflussen das Verhalten der gesamten Klasse und der Lehrerinnen und Lehrer. Reaktionen von seiten der Klasse und der Lehrerinnen und Lehrer wirken auf dieses Störverhalten zurück usw. Das Problemverhalten wird also als ein Teil dieser Interaktionsprozesse und nicht isoliert betrachtet.

Dazu ein *Beispiel:* Jonathan, Sohn eines alkoholkranken und aggressiven Vaters, nimmt dadurch Kontakt zu Mitschülerinnen und Mitschülern auf, daß er sie in der Pause schlägt oder schubst. Die Klassenkameraden schlagen zurück und/oder ziehen sich mehr und mehr zurück, wodurch Jonathan immer stärker in eine soziale Außenseiterrolle gerät. Aus dieser Position heraus versucht er mit noch mehr Aggressivität Kontakt mit und Beachtung von den Mitschülern und Mitschülerinnen zu erhalten.

Gleichzeitig sieht sich die Klassenlehrerin dazu gezwungen, Jonathan zum Schutze der anderen Kinder Grenzen zu setzen, in Form von Strafen und Ermahnungen, die von ihm aber als Aufmerksamkeit und Nähe wahrgenommen werden, weil dies in seiner Familie die einzige Form ist, in der die Familienmitglieder miteinander in Kontakt treten.

All dies führt (ungewollt!) dazu, daß sich Jonathans Außenseiterposition in der Klasse mehr und mehr festigt, bis als Notlösung die Umschulung in eine Sonderschule für erziehungsschwierige Kinder droht.

Aus einer systemischen Betrachtungsweise heraus bieten sich vor allem zwei Möglichkeiten an, chronisch problematische Situationen zu verändern, wobei wir von unserem *Vier-Ebenen-Interaktionsmodell des Erlebens und Verhaltens* ausgehen (siehe dazu Exkurs S. 114 ff.):

a) Auf der Ebene der Bedeutungsgebung angesichts eines bestimmten Störverhaltens können Lehrerinnen und Lehrer alternative, neue Bedeutungen hervorbringen, die dann zu veränderten Gefühlen führen und andere Reaktionen hervorrufen.

Dazu ein *Beispiel:* Im Falle des oben erwähnten Jonathan kann die Klassenlehrerin nach einem Gespräch mit seiner Mutter, in dem sie von der Alkoholkrankheit des Vaters erfährt, die ursprüngliche Bedeutungsgebung für Jonathans Aggression, nämlich „er macht das, um andere zu kränken und zu verletzen", durch eine neue Deutung, etwa der folgenden Art ersetzen: „Er macht das, weil er nicht gelernt hat, anders Kontakte herzustellen."

b) Auf der Ebene der Reaktionen/Handlungen können Lehrerinnen und Lehrer sich einfach anders verhalten, was dann wieder zu anderen Reaktionen der Problemschüler und Problemschülerinnen führen kann.

Dazu wieder unser *Beispielfall* Jonathan: Hier könnte die Klassenlehrerin ganz gezielt gerade dann mit ihm in Kontakt treten, wenn er unterrichtsbezogenes, bzw. nicht aggressives Verhalten zeigt.

Erfolgreiche Problemlösungen finden also in der Regel auf der Ebene der Bedeutungsgebung und/oder Handlung statt. Oder wie Molnar und Lind-

quist (1990, S. 36) es ausdrücken: „Um ein Problem als gelöst betrachten zu können, muß Folgendes geschehen: (1) Das als problematisch einge-schätzte Verhalten muß sich in annehmbarer Weise verändert haben und/ oder (2) die Interpretation des problematischen Verhaltens verändert sich, so daß es nicht länger als Problem angesehen wird."
Wir wollen nun im Folgenden in Anlehnung an Molnar und Lindquist (1990) einige ausgewählte Problemlösungsstrategien vorstellen, mit denen wir in der Lehrerfortbildungsarbeit gute Erfahrungen gemacht haben. In diesem Zusammenhang möchten wir übrigens all denjenigen Lehrerinnen und Lehrern, die Interesse an einem tieferen Einstieg in systemische Problemlösungsstrategien gefunden haben, das oben erwähnte Werk wärmstens als Lehr- und Übungsbuch empfehlen. Es ist unserer Einschät-zung nach die umfassendste und gleichzeitig am stärksten praxisorien-tierte Veröffentlichung zu diesem Themenbereich.

2.3.1 Umdeutungen – eine neue Sichtweise einnehmen

Wir alle kennen aus dem Alltag eine ganz berühmte sogenannte klassische Umdeutung: Angesichts eines halb gefüllten Weinglases sagt der Optimist voller Freude: „Das Glas ist ja noch halb voll!", und der Pessimist sagt mit traurigem Gesichtsausdruck: „O je, das Weinglas ist schon halbleer!"
Nach Molnar und Lindquist (1990, S. 13 f.) heißt Umdeuten für Lehrer und Lehrerinnen „eine neuartige ‚Deutung' des problematischen Verhal-tens zu finden, und zwar eine, die positiv ist, auf die Gegebenheiten der Situation paßt und den betroffenen Menschen plausibel erscheint. Das Umdeuten zeigt auch auf, wie man sich in der problematischen Situation anders verhalten kann".
Dazu ein Beispiel: Eine Lehrerin interpretiert die provozierenden Bemer-kungen eines Schülers als ungeschickte und unangemessene Bitte um Zuwendung statt als Angriff auf ihre Selbstachtung.
Im Idealfall lösen Umdeutungen des Lehrers (ausgehend von unserem Vier-Ebenen-Interaktions-Modell, S. 114 ff.) positive Gefühle und damit Handlungen bei ihm selbst aus und führen damit zu einer Reduzierung störender Verhaltensweisen bei den Schülern.
Zumindest kann das Problemverhalten des Schülers besser ertragen wer-den und löst somit beim Lehrer weniger ausgeprägte Streßgefühle aus.
Umdeutungen, gegenüber Schülerinnen und Schülern, zeigen übrigens nur dann eine positive Wirkung, wenn sie vom Lehrer ernst gemeint sind. Andernfalls können sie als Ironie oder Sarkasmus destruktiv wirken!

Grundlage für das Umdeuten ist die an verschiedenen Stellen (z. B. im Kapitel Familienprobleme, S. 69 ff.) dargelegte Grundannahme, daß jedes Symptomverhalten einen vergeblichen Problemlöseversuch, d. h. einen Versuch des Problemschülers darstellt, sich in einer für ihn schwierigen Situation zurecht zu finden.

Eine kleine Umdeutungsübung für den Schulalltag schlägt der Lehrer Ergenzinger (1987) seinen Kolleginnen und Kollegen vor: „Sie schreiben zehn alltägliche Schulprobleme auf ein Blatt Papier, links die übliche Interpretation unerwünschten Verhaltens, rechts Ihr Reframing, das so ziemlich das Gegenteil aussagt. Also beispielsweise so:

Zu spät kommen:

Ausdruck von Desinteresse → Zeichen für besonderes Interesse, weil sonst die Stunde vollends geschwänzt worden wäre.

Freche Bemerkungen:
Angriff auf die Selbstachtung → Ungeschickte Bitte um Zuwendung.
des Lehrers

Abschreiben:
Betrugsversuch → Ausdruck von Angst. Bitte um Ermutigung.

Prügelei:
Aggression → Mißglückte Form von Körperkontakt. Suche nach Zärtlichkeit!

usw.

Diesen Zettel legen Sie im Unterricht vor sich hin und probieren ab und zu eine Anwendung aus. Falls Sie damit nicht gleich Erfolg haben sollten, werden Sie doch bestimmt interessante Anregungen bekommen und vielleicht sogar etwas mehr Spaß am Unterrichten" (S. 224 f.).

2.3.2 Positive Zuschreibung des Motivs

Die Grundannahme dieser Technik geht davon aus, daß die wenigsten Schülerinnen und Schüler störendes Verhalten nur aus der Motivation zeigen, um andere zu kränken oder zu verletzen, auch wenn es nach außen hin so aussieht.

Dazu Ergenzinger (1987, S. 217): „Es gibt kein Verhalten ohne positiven

Sinn. Was mir störend erscheint, sinnlos oder destruktiv, ist es nur in meinem Bezugsrahmen (Unterricht), nicht aber in dem meines Gegenübers (Wahrung der Selbstachtung). So lange ich ein Verhalten nicht verstehe oder nur negativ bewerten kann, habe ich den Rahmen meines Gegenübers noch nicht herausgefunden. Aus meiner Erfahrung im Umgang mit den Schülern und mit mir selbst bilde ich eine „Hypothese" (Das ist ein Neuer, der muß sich noch sein Image in der Klasse aufbauen) und probiere dann aus, ob sie Sinn gibt. Wenn ich offenkundig daneben gegriffen habe, hat der Schüler immerhin gespürt, daß ich bemüht bin, ihn zu verstehen. In diesem Fall werde ich direkt fragen: „Was willst du uns/ mir mit deinem Verhalten eigentlich sagen?" Damit unterstelle ich ihm, daß er mit mir in eine positive Verbindung eintreten wolle, entsprechend dem zweiten Grundsatz: *„Jedes Verhalten enthält zugleich eine persönliche Botschaft an mich."*

Dazu passend berichtete eine Lehrerin einer 5. Realschulklasse, in der die Schülerinnen und Schüler in Diskussionen wild durcheinander redeten, die folgende an die Klasse gerichtete positive Zuschreibung:

„Mir ist aufgefallen, daß ihr euch deshalb ins Wort fallt und gegenseitig nicht ausreden laßt, weil ihr alle so viele Dinge wißt und jeder von euch sie mir und den Klassenkameraden und Klassenkameradinnen mitteilen will. Weil mir aber auch sehr wichtig ist, jeden einzelnen von euch *gut zu verstehen* und es schade ist, wenn ich nur die Hälfte von dem, was ihr sagt, mitbekomme, machen wir jetzt einen Vertrag miteinander aus, daß *nur eine(r) auf einmal redet...* "

2.3.3 Positive Funktionen problematischen Verhaltens erkennen

Wir erinnern hier an unser Fallbeispiel Tobias im Kapitel „Familienprobleme" (S. 69 ff.). Dort ließen sich für die gesamte Familie und einzelne Familienmitglieder eine ganze Anzahl positiver Funktionen des Symptomverhaltens erkennen (z. B. den mangelnden Kontakt der Mutter zum Vater ersetzen und vieles mehr).

Ebenso lassen sich immer wieder positive Funktionen zwischen Problemverhaltensweisen einzelner Schüler und dem Unterrichtsprozeß feststellen – allerdings in der Regel erst auf den „zweiten Blick". Dazu ein Beispiel, das Sie als erfolgreiche Lehrerinnen und Lehrer alle kennen: Einige Schülerinnen und Schüler fangen während des Unterrichts an unruhig zu werden und zeigen damit an, daß die Klasse in einen Zustand der Langeweile, Unmotiviertheit oder Überforderung gerät. Sie wechseln daraufhin mit Hilfe einer der unter 3.2 aufgeführten Zustandsunterbrechungen in einen für die Klasse motivierenderen Zustand über. Die störenden Schülerinnen und Schüler haben sozusagen für die gesamte Klasse eine „Indikatorfunktion" übernommen.

Nach Molnar undd Lindquist (1990, S. 102) besteht die *Technik der positiven Konnotation* „darin, positive Funktionen eines Verhaltens zu erkennen, dem man vorher nur negative Funktionen zugeschrieben hatte, und dann entsprechend dieser positiven Funktionen auf das Verhalten zu reagieren".

Wichtig in diesem Zusammenhang ist die Unterscheidung von „*getroffen sein*" im Sinne von „der Schüler stört den Unterricht, um mich als Lehrer(in) *„persönlich zu kränken*", oder „betroffen sein" im Sinne von „der Schüler will (vielleicht unbewußt manipulierend) meine *Zuwendung* erzwingen.

Durch die erste (negative) Zuschreibung der Funktion werde ich als Lehrer(in) durch die persönliche Verletztheit zu reflexartigen, meist aggressiven Abwehrhandlungen verleitet. Der Schüler erhält Macht über mich, indem er sozusagen einen bestimmten Reizknopf drückt und mich zu entsprechenden Reaktionen veranlaßt.

Mit Hilfe der positiven Zuschreibung der Funktion des störenden Schülerverhaltens ist eher die Chance gegeben, den quasi-automatischen Reiz-Reaktions-Zyklus zu unterbrechen und als Lehrer(in) selbst darüber zu bestimmen, ob, wann und unter welchen Umständen ich dem Schüler meine *„unerzwungene"* Zuwendung geben will.

Ergenzinger (1987, S. 218) betont: „Meine leitende Frage ist dabei: Will ich einen Schüler verstehen, frage ich nicht warum, sondern: Wozu verhält er sich jetzt so?

Daß ich jemanden verstehe, also den augenblicklichen Sinn seines Verhaltens innerhalb seines Bezugsrahmens erfasse, bedeutet jedoch keineswegs, daß ich mit seinem Verhalten einverstanden bin, also meinen eigenen Bezugsrahmen aufgebe. Hingegen gibt mir ein situatives Verstehen die Möglichkeit, die Handlungsinitiative zu behalten, statt nur noch im Rahmen des Systems automatisch zu reagieren. Für mich ist das eigentliche Problem des pädagogischen Verstehens weniger, daß es mich schwach macht, sondern eher, daß es mir Macht über die Situation gibt."

Das heißt, es geht stets um die Frage: Was will die Schülerin, der Schüler eigentlich von mir als Lehrerin oder Lehrer, bzw. von den Mitschülerinnen und Mitschülern? Meist sind es Wünsche wie Aufmerksamkeit, Anerkennung, Beachtung u. ä.

Molnar und Lindquist (1990, S. 82) betonen: „Zuschreibungen positiver Motivationen zu einem problematischen Verhalten sind genauso hypothetisch wie die Zuschreibung negativer Motivationen. Da aber die Wahrheit über die Motive eines Menschen niemals bekannt sein kann, hängt der Wert einer solchen positiven Motivationszuschreibung von der Nützlichkeit ab – wie nützlich sie für eine Veränderung der problematischen Situation ist."

2.3.4 Symptomverschreibung

Dazu eine kleine Geschichte, die mir neulich ein Kollege erzählte: In Tübingen lebte vor einigen Jahren ein alter gehbehinderter Rentner, der immer wieder dadurch von drei Jungen geärgert wurde, daß sie an der Tür schellten (im Schwäbischen „Glockenputzer" machen) und wegrannten, sobald er mühsam zur Tür gehumpelt kam.

Da ersann er sich eines Tages eine List und rief den Jungen vom Fenster aus zu: „Buben, wenn ihr morgen um 19.00 Uhr abends kommt und Glockenputzer macht, bekommt jeder von euch dafür 50 Pfennige."

Die Jungen waren erstaunt und verwirrt, kamen aber tatsächlich zur vereinbarten Zeit am nächsten Tag, machten Glockenputzer und holten sich ihre 50 Pfennige ab. Beim Weggehen rief ihnen der alte Mann nach: „Buben, wenn ihr morgen wieder um 19.00 Uhr abends kommt, und bei mir Glockenputzer macht, bekommt jeder von euch 20 Pfennige." Noch erstaunter und verwirrter als am Abend zuvor gingen die Jungen weg und kamen wieder – wie vereinbart – am nächsten Abend und machten Glokkenputzer. Wieder erschien der alte Mann am Fenster, händigte ihnen ihre 20 Pfennige aus und sagte: „Buben, es tut mir sehr leid, ich habe gerade wenig Geld, deshalb bitte ich euch, morgen um die gleiche Zeit wiederzukommen und Glockenputzer für 5 Pfennige zu machen."

Entrüstet rief daraufhin der Anführer der Gruppe aus: „Für 5 Pfennige arbeiten wir aber nicht!" Na ja, auf jeden Fall tauchten die drei Jungen nie mehr bei dem alten Mann auf.

Verschreibungen des Problemverhaltens stürzen den Symptomträger in ein mehrfaches Dilemma (das man auch *therapeutisches Double-Bind* nennt):

1. Äußert er das Symptomverhalten, so hat er der Anordnung der Lehrerin (Therapeutin, des Beraters) Folge geleistet, und das will er eigentlich nicht. Widersetzt er sich aber der Anordnung, so muß er sein Symptom aufgeben.

2. Wird das Symptom X statt wie bisher spontan auf Befehl geäußert, ist es nicht mehr genau dasselbe, es ist zu X- oder X' geworden.
   Aus dem scheinbar Unkontrollierbaren („Es kommt halt über mich") ist etwas Kontrollierbares geworden („Ich tue es bewußt").
3. Watzlawick bezeichnet Symtpome als Versuche, Beziehung zu kontrollieren bzw. zu manipulieren, d. h., es geht um das Thema Macht. Immer, wenn ich als Schüler mein Symptom X (z. B. die Unterrichtsstörung) zeige, zwinge ich den Lehrer, mit Y zu reagieren (z. B. sich mir zuzuwenden). Ich drücke sozusagen auf einen unsichtbaren Knopf, und der Lehrer muß reagieren. Indem mir aber mein Symptom vom Lehrer verschrieben wird, verliere ich diese Macht, mein Symptom wird sozusagen entwertet.

Symptomverschreibungen, d. h. Aufforderungen an Schüler und Schülerinnen ihr Problemverhalten beizubehalten oder sogar noch zu verstärken, werden meistens gekoppelt mit Veränderungen in der Zeit, dem Ort, der Häufigkeit oder der Form des Auftretens des Symptoms. Dazu ein *Beispiel:* Hennig vereinbarte mit einer Lehrerin, der siebenjährigen Carmen, die unter heftigen, unkontrollierten Wutanfällen litt, folgende Verschreibung zu geben: „Carmen, es gibt kein Kind in der Klasse, das mit so viel Kraft den anderen Kindern und mir sagt und zeigt, was ihm nicht gefällt (Positive Umformulierung). Die meisten anderen Kinder in der Klasse besitzen diese Kraft nicht. Damit das alles nicht so unkontrolliert abläuft (Kontrolle versus Nicht-Kontrolle), reserviere ich dir in jeder Schulstunde die letzten fünf Minuten vor dem Läuten, damit du ganz tüchtig mit mir oder einem Kind aus der Klasse streiten kannst (Veränderung der Zeit), und zwar hier in dieser Ecke vor dem Papierkorb (Veränderung des Ortes)."
Da die Lehrerin all das ohne jeden Sarkasmus und voller Überzeugung vorbrachte, erschien Carmen zunächst verwirrt und meinte dann trotzig: „Ich streite doch nicht, wenn Sie es mir befehlen."
Tatsächlich sank die Anzahl der Wutanfälle Carmens rapide ab und blieb dauernd auf einem zahlenmäßig niedrigen Niveau.

2.3.5 Problemlösung als „Lösung vom Problem"

Jeder von uns hat schon einmal die Erfahrung gemacht, daß ein hartnäckiges Ankämpfen gegen ein Symptom dieses nur verfestigt hat. Umgekehrt haben wir fast alle schon einmal erlebt, daß ein Problem in dem Moment verschwand, als wir uns auf einen anderen, unproblematischen Bereich konzentrierten, wir also sozusagen das Problem „links liegen ließen".

Molnar und Lindquist (1990, S. 149) nennen das „durch die Hintertür stürmen" und verstehen darunter eine Beeinflussung der Problematik, indem man sich auf einen Bereich des Ökosystems konzentriert, der nicht in direktem Bezug zum Problem steht.

So berichtete ein Hauptschullehrer, der eine 8. Klasse in einer sogenannten „sozialen Brennpunktschule" unterrichtet, über den 14jährigen Boris, der im Deutsch- und Englischunterricht geringes Interesse und provozierende Verhaltensweisen zeigte.

Sein Verhalten fing schlagartig an, sich zum Positiven hin zu verändern, als der Lehrer mit ihm anläßlich des nachmittags stattfindenden sozialpädagogischen Betreuungsangebots über dessen Leidenschaft zum Modellflugbau in positiven Kontakt kam und ihn wegen seiner handwerklichen Geschicklichkeit mehrfach lobte.

Boris erhielt Nahrung für seinen angeknacksten Selbstwert *außerhalb* des Problemsbereichs Deutsch- und Englischunterricht und konnte die verbesserte Lehrer-Schüler-Beziehung auf den Problembereich übertragen.

2.3.6 *Die Lokalisierung von Ausnahmen oder das „Schweizer Käse-Prinzip"*

Das „Schweizer Käse-Prinzip" bedeutet ganz einfach, daß man beim Schweizer Käse den Käse rings um die Löcher ißt und nicht die Löcher. Anders ausgedrückt: Nicht nur in der Therapeut-Klient-Beziehung hat sich die *Ressourcen-Orientierung,* d. h. der Aufbau der Therapie auf den Stärken des Klienten statt auf seinen Schwächen über alle Schulen hinweg als fester Bestandteil etabliert. Ebenso wird diese Haltung schon längst (wenn auch meist intuitiv) in der Lehrer-Schüler-Beziehung, im Unterricht verwirklicht.

Statt sich intensiv mit dem zu beschäftigen, was nicht funktioniert, problematisch ist (also die Löcher im Schweizer Käse), werden alle Bemühungen auf die positiven Seiten, die Stärken gelenkt (den Käse, rings um die Löcher). Statt der Schwächen werden die Stärken in den Vordergrund der Bemühungen gerückt.

Die Technik der Lokalisierung von Ausnahmen hat Ähnlichkeiten mit der im vorigen Abschnitt beschriebenen Methode der Problemlösung als Lösung *vom* Problem. Während letztere eine unspezifische, indirekte Technik ist, die der Lehrerin helfen soll, etwas anders und positiv zu machen, was nichts mit dem Problemfall zu tun hat, ist die Technik der Lokalisierung von Ausnahmen begrenzter. „Sie verlangt von Ihnen, die Person, deren Verhalten problematisch ist, genau zu beobachten und Möglichkeiten zu finden, das unproblematische Verhalten zu bestärken, ohne sich auf das Problem zu beziehen" (Molnar und Lindquist 1990, S. 152).

Dazu ein *Beispiel:* Im Umgang mit einem verhaltensauffälligen Schüler zeigen Sie gezielt *dann* Ihre Aufmerksamkeit ihm gegenüber (Ansprechen, Körperdistanz verringern, Blickkontakt u. v. m.) und geben ihm einen positiven Kommentar, wenn er sich in einer Phase unterrichtsbezogenen und störungsfreien Verhaltens befindet.

Abschließend sei noch einmal betont, daß sämtliche Methoden systemischer Strategien nur dann im Klassenzimmer erfolgreich (problemvermindernd) wirken, wenn folgende Grundbedingungen erfüllt sind:

1. Die Lehrerin/der Lehrer mit ihrer/seiner ganzen Haltung (verbal und nonverbal) grundsätzliche Solidarität und Achtung den Problemschülerinnen und -schülern entgegenbringt (vgl. IV 2.1). Problemschülerinnen und -schüler müssen spüren, daß Sie trotz allem auf ihrer Seite stehen.

2. Die Anweisungen und Kommentare in vollem Ernst und ganzer Überzeugung gegeben werden, auf gar keinen Fall ironisch oder sarkastisch.

3. Die Lehrerinnen und Lehrer darauf achten, in einem „guten Zustand" zu sein, in ihrer Mitte zu bleiben (vgl. dazu auch IV 2.2, S. 103 ff. und IV 2.3, S. 105 f.).

2.4 Strategien der Zustandsunterbrechung

Immer wieder ergeben sich im Verlauf des Unterrichts Situationen und Prozesse, die sich ungünstig auf die Lernbereitschaft und damit den Lernfortschritt auswirken. Sie können die ganze Klasse oder nur einzelne Schüler betreffen.

So kann zum Beispiel der Lärmpegel oder ein nicht unterrichtsbezogenes Energieniveau so hoch sein, daß den Schülerinnen und Schülern die Konzentration auf den dargebotenen Lernstoff schwerfällt. In diesem Fall ist es angebracht, die Unruhe und den Lärm zu dämpfen und die vorhandene Energie auf den Unterrichtsstoff hinzulenken.

Andererseits erleben Sie auch immer wieder Situationen im Unterricht, die durch ein zu niedriges Energieniveau, Langeweile oder Desinteresse gekennzeichnet sind.

Hier gilt es, die Schülerinnen und Schüler so zu aktivieren, daß sie genügend Energie und Motivation für den Unterrichtsprozeß bereitstellen.

Im ersten Fall müssen Sie also einen Zustand zu großer, nicht unterrichtsbezogener Energie dämpfen, im zweiten Fall ein höheres Energie- und Aktivitätsniveau erreichen. Es geht also um die Unterbrechung bzw. Veränderung von solchen physiologischen und/oder psychologischen Zuständen, die sich ungünstig auf das Lernen auswirken.

Aus dem Alltag kennen sie bereits solche Zustandsunterbrechungen: Der kleine Florian haut sich den Kopf an der Tischkante an und fängt bitterlich an zu weinen. Die Mutter nimmt ihn tröstend in den Arm, haut unvermittelt mit der Faust auf den Tisch und sagt mit wütender Stimme: „So ein böser Tisch! Florian, wollen wir mal sehen, ob er noch ganz ist?" Florian wendet den Kopf von der Mutter zum Tisch, um ihn näher zu betrachten, und hört dabei auf zu weinen. Statt seine innere Aufmerksamkeit weiterhin auf seinen Schmerz zu konzentrieren, hat er sie auf den Tisch umgelenkt. Sein Schmerzzustand wurde unterbrochen. (Auf diesem Grundmuster aufbauend wurden übrigens die äußerst wirksamen Methoden der hypnotherapeutischen Schmerzbekämpfung entwickelt.)

Ein anderes Beispiel einer Zustandsunterbrechung berichtet eine Grundschullehrerin anläßlich einer Fortbildungsveranstaltung: Thomas, ein Schüler in ihrer 4. Klasse, fiel immer wieder dadurch auf, daß er in bestimmten Mißerfolgssituationen anfing, wild mit den Augen zu rollen, was stets ein Hinweis auf einen gleich bevorstehenden Tobsuchtsanfall war.

Die Lehrerin spürte Angst in sich aufsteigen und sagte spontan zu ihm: „Thomas, wenn du jetzt wieder einen Wutanfall bekommst, beiße ich dir ganz fest in die Nase!" Daraufhin blickte Thomas kurz verwirrt und erstaunt und fing dann an zu lachen. In dieses Lachen mußten dann unwillkürlich die Klassenkameradinnen und -kameraden und die Lehrerin mit einstimmen. Er konnte sich damit nicht mehr in einen Zustand der Wut hineinsteigern.

In Anlehnung an Cleveland (1987, S. 20 f.) möchten wir im folgenden kurz zusammengefaßt einige Methoden der Zustandsunterbrechung vorstellen, die für einzelne Schüler oder die ganze Klasse eingesetzt werden können. Dabei werden Sie feststellen, daß Sie schon eine ganze Reihe der unten aufgeführten Methoden in Ihrem Unterricht anwenden. Vielleicht ist dennoch die eine oder andere Anregung für Sie dabei.

a) Wechseln des Gesprächsgegenstandes:

Die Lehrerin sorgt entweder für eine Pause in der Diskussion oder wartet auf eine natürliche Pause, dann wechselt sie in ein anderes Thema.

b) Einsatz von Humor:

Siehe das erwähnte Beispiel der Grundschullehrerin.

c) Direkter Kontakt:

Lehrerinnen und Lehrer können in der Regel einschätzen, welche (vor allem jüngere) Schülerinnen und Schüler Körperkontakt ertragen können und welche Art angemessen ist, wie beispielsweise eine Hand auf die Schulter legen, Berührung eines Armes oder des Ellenbogens.

d) Vertauschung der Lehrer-Schüler-Rollen:

Zum Beispiel kann eine Lehrerin sagen: „Es scheint mir heute schwer zu fallen, dich anzusprechen. Zeige mir bitte, was ich tun müßte, um dich zu erreichen!"
Oder: „Wenn du an meiner Stelle wärst, was würdest du anders machen?"
Oder: „Ich bin sehr neugierig, ob du mir zeigen kannst, wie ich diese Stunde halten müßte, wenn wir die Rollen tauschen würden. Laß uns das tun! Zeige mir, wie ich dich am besten unterrichten könnte!"

e) Die „Mein-Freund-Fritz-Methode":

In diesem Fall schreibt die Lehrerin die Verantwortung für den Zustandswechsel einem imaginären Kollegen zu, indem sie beispielsweise folgendes sagen kann: „Ich habe dieses Experiment noch nie vorher durchgeführt, aber mein Freund Fritz würde jetzt y × tun."
Beispiel: „Anscheinend langweilt euch diese Stunde. Ich mache jetzt mal etwas, was mein Freund Fritz, der ein ausgezeichneter Lehrer ist, tun würde. Er würde nämlich...", dabei führt dann die Lehrerin ihren Methodenwechsel ein.

f) Eingebettete Zitate:

Hierbei handelt es sich um eine Methode der *indirekten Suggestion*. Die Lehrerin benutzt ein eingebettetes Zitat, um den Schülerinnen und Schülern eine Botschaft zu vermitteln, in der ein veränderter Zustand eingebaut ist. Die Aussage wird jedoch einer anderen Person zugeschrieben.
Beispiel: Die Lehrerin möchte den Zustand eines Schülers ändern, der Anzeichen von Schläfrigkeit zeigt, indem sie sagt: „Heute morgen ist mir etwas Verrücktes passiert. Ich rannte nämlich fast gegen einen anderen

Kollegen, und der sagte mir (mit einer veränderten, lauten Stimme): Warum wachst du nicht auf! Ich wußte gar nicht, wie ich reagieren sollte. Wie würdest du reagieren?"

g) Die Schülerinnen und Schüler um Beistand bitten:

Viele Schülerinnen und Schüler fühlen sich aufgewertet, bei der Entwicklung einer Stunde der Lehrerin helfen zu können. So kann die Bitte um Mithilfe zu einem positiven Wechsel des Zustandes führen: „Tanja, ich überlege mir gerade, wie ich die Stunde so gestalten kann, daß sie für euch noch interessanter wird. Kannst du mir dabei helfen?

h) Körperliche Veränderungen:

Schülerinnen und Schüler dazu zu bringen, sich zu bewegen oder ihre Körperposition deutlich zu verändern, ist ein sehr wirksamer Zustandswechsel. Schülerinnen und Schüler könnten aufstehen, tief durchatmen, sich recken und strecken und sich im Klassenzimmer bewegen, um dann zu anderen Aktivitäten überwechseln zu können.

i) Eine Aufgabe stellen:

Mit dieser am häufigsten eingesetzten und bekanntesten Methode werden Zustandsveränderungen dadurch erreicht, daß Schülerinnen gebeten werden, etwas an die Tafel zu schreiben, eine Information in einem Nachschlagewerk zu betrachten, einem Mitschüler bei einer Aufgabe zu helfen usw.

j) Wechsel von Sprechrhythmus und -tempo:

Die Verringerung des Stimmvolumens, ein Wechsel im Tonfall oder die Verlangsamung des Sprechtempos können den Lernzustand verändern. Wortgefechte können abgeschwächt werden, indem man das Stimmvolumen, den Tonfall und das Tempo der Konversation verringert.

k) Der Gebrauch eingebetteter Anweisungen:

Wie bei der oben erwähnten Methode der eingebetteten Zitate handelt es sich hier um eine wirksame Methode der indirekten Suggestion. Beispiel: „Tobias, kannst du dir vorstellen, wie froh du sein wirst, wenn du deine Aufgabe fertig gemacht hast? Du wirst dann Lust bekommen, gleich *jetzt* damit *anzufangen*." Der Tonfall wird an der Stelle verändert, an der der Satz sozusagen unterstrichen wird, so daß die Aussage zu einem indirekten Befehl wird. Diese Methode stimuliert das Unbewußte der Schülerinnen und Schüler und kann so zum gewünschten Zustandswechsel führen.

2.5 Weiterverweisung, wenn sich das Problem nicht lösen läßt

Wir erinnern hier an das erste Gebot der „Zehn Gebote für Lehrerinnen und Lehrer zum erfolgreichen Unglücklichsein": „Ich muß alle Probleme allein lösen können..." (S. 7).

Selbstverständlich haben Sie als Lehrerinnen und Lehrer immer wieder mit Problemen zu tun, die Sie nicht innerhalb der Schule lösen können, deren Lösungsversuch Sie in eine krasse Überforderungssituation bringen würde (vgl. Kapitel IV 2.2), weil Sie nicht neben der Erteilung von Unterricht noch als Therapeutin und Therapeut tätig sein können.

Vereinfacht ausgedrückt kann man von drei Schweregraden und Eskalationsstufen von Problemen sprechen:

Stufe 1: Das Problem ist innerhalb der Schule, im Klassenzimmer bzw. im Eltern- und Schülergespräch lösbar (Schwerpunkt des vorliegenden Buches).

Stufe 2: Das Problem ist außerhalb der Schule mit ambulanter Therapie bzw. Hilfe des Jugendamtes lösbar.

Stufe 3: Das Problem ist unlösbar und wird durch ein Entfernen des Problemschülers aus der jeweiligen Schulform gelöst (z. B. Heim-, Internats-, Erziehungsschwierigen-, Lernbehinderten- usw. Sonderschule).

Die Stufe 2 kommt dann in Betracht, wenn eine längerfristige und/oder tiefergehende Einzeltherapie des Problemschülers bzw. eine Paar- oder Familientherapie der Eltern indiziert erscheinen. Ebenso, wenn die Unterstützung der Familie durch den Familienhelfer des Jugendamtes oder die Unterbringung des Kindes in einer Tageswohngruppe in Frage kommt (nach der Schule kann das Kind dort Mittagessen und wird sozialpädagogisch bei den Hausaufgaben und in der Freizeit bis zur abendlichen Heimkehr in die Familie betreut).

Um Eltern und Schüler diesbezüglich sinnvoll beraten und mit den außerschulischen Therapie- und Jugendhilfeeinrichtungen effektiver kooperieren zu können, empfehlen wir jeder Lehrerin und jedem Lehrer, sich entweder selbst eine regionale Adressenkartei diesbezüglicher Institutionen aufzubauen, oder (falls vorhanden), sich einen örtlichen Beratungsführer anzuschaffen. Ideal wäre auch ein persönlicher Kontakt zwischen Lehrerinnen und Lehrern sowie einzelnen Beratungsinstitutionen, wie z. B. Erziehungs- und schulpsychologische Beratungsstelle sowie dem zuständigen Jugendamt.

Erfahrungsgemäß können Sie vor allem dann Problemschüler und Problemschülerinnen bzw. deren Eltern erfolgreich weiterverweisen, wenn Sie ihnen ganz konkret erläutern können, wer, was, wo, wie beratend/therapeutisch arbeitet.

Dazu benötigen Sie eine ganze Portion Fingerspitzengefühl, weil nämlich für viele Eltern und Schüler das Empfehlen einer Beratung oder Therapie als eine persönliche Kränkung oder ein Versagen aufgefaßt wird. Deshalb sollten im Weiterverweisungsgespräch alle Abwertungen oder Schuldgefühle erzeugenden Formulierungen vermieden werden. Vielmehr sollten Sie als beratende Lehrerinnen und Lehrer die besondere Fürsorge und Verantwortung der Eltern herausstreichen, die zum Wohle ihres Problemkindes eine Beratungs- und Therapieinstitution aufsuchen.

IV Gesprächsprobleme und Gesprächsführung

Was spricht für befriedigende und effektive Elternberatungsgespräche? Selbstverständlich kann die Lehrerin/der Lehrer, die ihre Gesprächsführungskompetenz erhöht, diese in Beratungsgesprächen mit Schülern, Kollegen und natürlich auch in privaten Bereichen nutzbringend anwenden. Ganz zentral jedoch sehen wir fünf wichtige Gründe für den Einsatz effektiver Beratungsgespräche in der Elternarbeit:

- Durch effektiv geführte Elternberatungsgespräche können Kontakte und Zusammenarbeit zwischen Elternhaus und Schule verbessert und eventuell vorhandene Spannungen abgebaut werden.
- Die überwiegende Mehrzahl von Schulproblemen hat ihren Entstehungsort in der Familie der Problemschüler. Daher wird mir als Lehrer oder Lehrerin die Funktion eines Symptomverhaltens erst vor dem familiären Hintergrund des Problemschülers deutlich.
- Die Lehrerin oder der Lehrer kann sich den Umgang mit Problemschülern und damit den Schulalltag erleichtern, wenn es gelingt, die Eltern als Bündnispartner zu gewinnen, statt daß Eltern und Lehrer(innen) in verschiedene Richtungen arbeiten.
- Als Lehrer kann ich Problemschüler und deren Eltern nur dann entweder selber beratend begleiten oder sie kompetent an Beratungsinstitutionen weiterverweisen, wenn ich die Einbettung des Symptomverhaltens in den familiären Lebenskontext nachzeichnen kann.
- Ganz allgemein kann ich Schüler ganzheitlich in ihrem Verhalten und Erleben nur dann wahrnehmen, wenn ich auch genügend Information über deren wichtigstes emotionales Bezugssystem, nämlich ihre Familie, besitze.

Jeder Schüler hat sozusagen in der Klasse unsichtbar seine Eltern und Geschwister mit dabei.

1 Partnerzentrierte und systemische Gesprächsführung

Erfahrungsgemäß wird von den Gesprächspartnern wie Eltern, Schülern, Kolleginnen und Kollegen sowohl ein Beratungsgespräch anläßlich eines Schulproblems als auch ein „Alltagsgespräch" mit dem beratenden Lehrer dann als hilfreich und konstruktiv erlebt, wenn es diesem gelingt, in seinem Gesprächsverhalten wichtige Merkmale des partnerzentrierten Gesprächsstils zu verwirklichen.

Partnerzentriert heißt, daß sich der beratende Lehrer ganz auf den Gesprächspartner konzentriert und sich mit seiner eigenen Sichtweise der Dinge zurückhält.

Der Kern des partnerzentrierten Gesprächs ist die ständige Ermunterung des Gesprächspartners, seine Erlebnisse, deren Interpretation sowie die damit verbundenen Gefühle und Gedanken frei auszudrücken, auch die negativen.

Im Beratungsgespräch ist der Gesprächspartner selbst der „Weg-Führer", denn er weiß am besten, welcher Gesprächsinhalt für ihn augenblicklich am wichtigsten ist. Erickson sagte einmal sinngemäß: „Begleite den Klienten, und gehe dabei stets einen Schritt hinter ihm!"

Systemisch heißt, daß der Gesprächspartner mit seinem Problem nicht isoliert betrachtet wird, sondern eingebettet in sein Beziehungsgefüge emotional wichtiger Bezugspersonen, wie Eltern, Ehepartner, Kinder, Geschwister usw.

Die immer wiederkehrenden Interaktions- und Kommunikationsprozesse des Gesprächspartners mit diesen Bezugspersonen werden im Gespräch herausgearbeitet. Dadurch wird das Beziehungsgefüge des Gesprächspartners mit seiner Struktur und Dynamik sowie seinen Einflüssen auf die Symptomentstehung und -aufrechterhaltung sichtbar.

1.1 Ziele und erwartete Effekte der partnerzentrierten Gesprächsführung

Allgemein:

Der beratende Lehrer versucht, gemeinsam mit dem Gesprächspartner die Voraussetzungen für eine dem Gesprächspartner nützlichere Wirklichkeitskonstruktion (Selbst- und Umweltwahrnehmung) zu schaffen. Sie soll es ihm ermöglichen, mit weniger Problembelastungen und psychischem Streß sein Leben zu gestalten.

Im einzelnen:

- Der Gesprächspartner lernt, über sich, seine Gefühle und Probleme nachzudenken und zu sprechen, wobei der beratende Lehrer als Modell dient. Insbesondere die Fähigkeit des beratenden Lehrers, belastende Gedanken, Gefühle, Probleme usw. angstfrei bewußtzumachen, klar zu erkennen, offen auszusprechen, soll dem Gesprächspartner als Modell dienen.
- Die erhöhte Fähigkeit des Gesprächspartners zur Problemeinsicht bzw. einer anderen Problembewertung wird als wesentliche Voraussetzung zur eigenständigen Klärung und Lösung von Problemen angesehen (Hilfe zur Selbsthilfe).
- Das Ergebnis, in den geäußerten Gefühlen verstanden zu werden, führt beim Gesprächspartner zu Ermutigung und Angstabbau.
- Der Gesprächspartner fühlt sich in seiner Person ernstgenommen und bestätigt was das Vertrauen zu ihm selbst vergrößert (gesteigerter Selbstwert).
- Der Gesprächspartner erlebt eine Verminderung von Gefühlen der Bedrohung und einen Abbau von Verteidigungshaltungen.
- Der Gesprächspartner erfährt eine Ermutigung, persönliche Probleme mit anderen zu besprechen und in Gesprächen zu klären.
- Dem Gesprächspartner wird es erleichtert, Angst vor zwischenmenschlichen Beziehungen abzubauen, und er wird zu sozialen Kontakten ermutigt.

1.2 Überblick: Das Gebäude erfolgreicher Gesprächsführung

Anmerkung: Ohne Fundament bricht das ganze Gebäude zusammen, d. h., wenn der Berater selber stark problembelastet ist und/oder dem Gesprächspartner gegenüber eine negative Grundeinstellung hat (wenn z. B. Eltern in ihrer Elternrolle abgewertet werden).

Der zweite und dritte Stock bauen auf dem ersten auf, d. h. ohne tragfähige Berater-Gesprächspartner-Beziehung helfen Gesprächsmethoden und -strukturen wenig.
Ohne Dach regnet es herein, und alle vier Stockwerke werden zerstört. Wenn beispielsweise das Beratunsgespräch mit Sanktionen verbunden ist, gegen den Willen des Gesprächspartners stattfindet, die äußere Gesprächssituation ungünstig ist (zu wenig Zeit, Unterbrechungen, Störun-

gen usw.) und vieles mehr, ist das Beratungsgespräch trotz aller persönlicher und fachlicher Kompetenz des beratenden Lehrers zum Scheitern verurteilt.

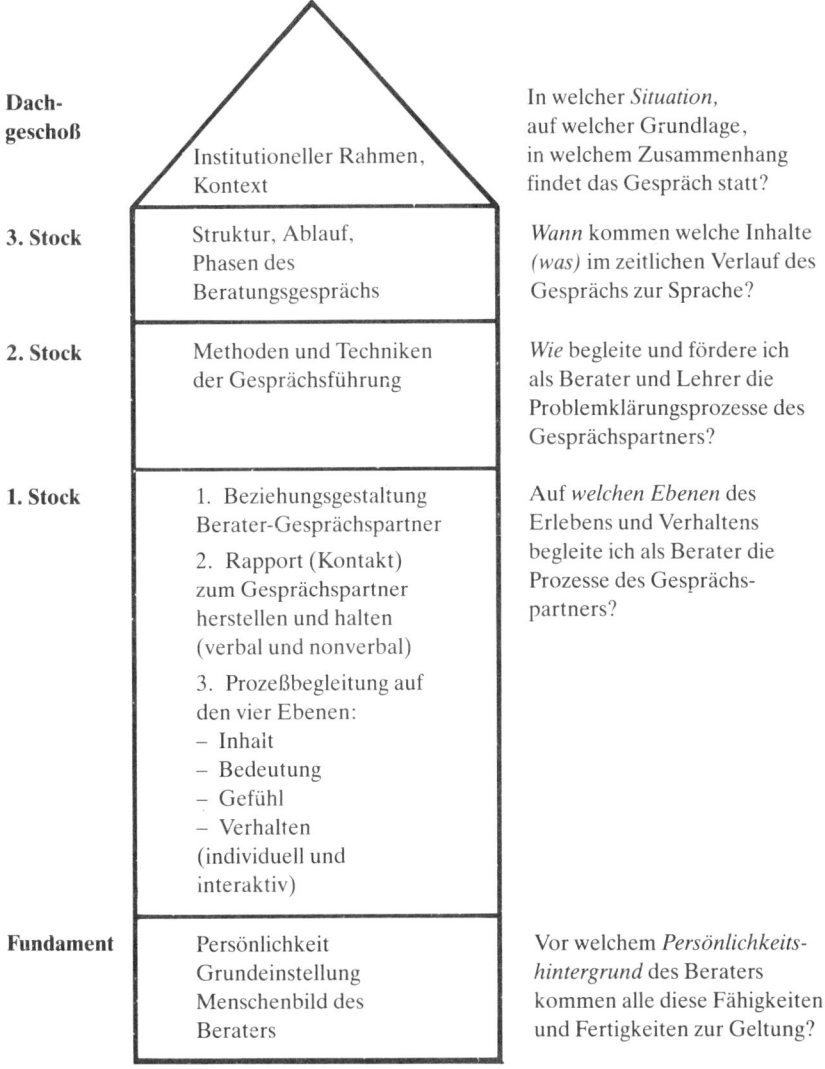

Abb. 14: *Das Gebäude erfolgreicher Gesprächsführung*

2 Das Fundament erfolgreicher Gesprächsführung

2.1 Persönlichkeit, Menschenbild und Grundeinstellungen des beratenden Lehrers

Respekt und Achtung vor dem Gesprächspartner, seine Wertschätzung und die Solidarität mit ihm sind die für erfolgreiche Beratungsgespräche unabdingbaren Grundhaltungen des beratenden Lehrers.

Als beratender Lehrer nehme ich den Gesprächspartner unbedingt an, d. h., ich bringe ihm grundsätzliche Bejahung und positive Wertschätzung entgegen, habe Achtung und Respekt vor seiner Person. Ich zeige mein Interesse an der Problemlösung und meine Solidarität mit dem Gesprächspartner in seiner Problemsituation.

Diese positiven Grundhaltungen des beratenden Lehrers tragen dazu bei, das Selbstwertgefühl des Gesprächspartners zu erhöhen, bzw. es nicht anzugreifen.

Achtung:

Bei Verletzungen des Selbstwertgefühls reagieren fast alle Menschen mit Aggression oder Flucht!

In der Schule kommt es häufig dadurch zu Selbstwertverletzungen, daß Lehrer Eltern deren elterliche Erziehungskompetenz und Eltern Lehrern ihre pädagogische Kompetenz gegenseitig absprechen.

Die Folgen dieser Selbstwertverletzung, wie gestörte Eltern-Lehrer-Beziehungen, Konktaktabbruch, offene Feindschaft usw., sind Ihnen als Lehrer bekannt.

Wenn ich zum Beispiel als beratender Lehrer als „Anwalt des Kindes" auftrete und den Eltern direkt oder indirekt (z. B. nonverbal) zu verstehen gebe, daß sie in ihrer Erziehung versagt haben oder ihre Elternrolle nicht genügend wahrnehmen, habe ich ihre weitere Mitarbeit verspielt und dem Kind alles andere als einen guten Dienst erwiesen. Ausnahmen: Sexueller Mißbrauch, Kindesmißhandlung oder schwere Vernachlässigung. Aber selbst in diesen Fällen erreiche ich als Lehrer (z. B. mit Hilfe des Jugendamtes) mehr mit, als gegen die Eltern.

Jeder von uns kann sich daran erinnern, wie gut und befreiend es auf ihn wirkte, wenn er mit seinen Stärken und Schwächen akzeptiert wurde und sich selbst damit ein Stück weit so annehmen kann, wie er ist.

Wichtig:

Den Gesprächspartner zu akzeptieren bedeutet nicht, seine Einstellung, seine Moral, seine Reaktion, seine Lebensweise gutzuheißen. Es geht vielmehr um die Akzeptanz der subjektiven Realität der Gefühle und Gedanken des Gesprächspartners, ohne die eigene Beurteilung und Bewertung.

2.2 Selbstschutz des beratenden Lehrers vor Überforderung

Für den beratenden Lehrer ist es absolut notwendig, sich klar von der Verantwortlichkeit des Gesprächspartners (Eltern, Schüler oder Kollegen) abzugrenzen, d. h. nicht dessen Probleme zu seinen eigenen zu machen, oder umgekehrt.

Die Eltern haben die Erziehungsverantwortung und nicht der Lehrer. Er ist Helfer zur Selbsthilfe und nicht Retter.

In diesem Zusammenhang seien noch einige kurze Überlegungen des Lehrers und Familientherapeuten Ergenzinger (Ergenzinger 1987) zur Lehrerrolle gestattet: Seiner Meinung nach (und dieser stimmen wir zu) ist der Lehrer nicht in erster Linie Erzieher. Das ist und bleibt Aufgabe der Eltern, die aufgrund der engen emotionalen Bindung zwischen Eltern und Kindern, ihrer elterlichen Erziehungsverantwortung und der zeitlichen und räumlichen Möglichkeiten einen ganz und gar unvergleichlich höheren Einfluß auf ihre Kinder haben, als das je ein Lehrer mit seinen vielen Schülern und wenigen Unterrichtsstunden, in denen er zudem vorrangig Lehrinhalte zu vermitteln hat, je haben könnte. Mit elterlichen Erzieheraufgaben ist der Lehrer also heillos überfordert, auch wenn Eltern immer wieder versuchen, ihm derartige Aufgaben zuzuschieben.

Davon unberührt bleibt die Tatsache, daß der Lehrer selbstverständlich *auch* Erzieher und Vorbild ist. Andererseits kann sich der Lehrer aber auch nicht auf seine Rolle als bloßer Informant zurückziehen. Durch den Einsatz von Medien der Informationstechnik und die darüber entstandene Diskussion ist klar geworden, daß der Lehrer als reiner Informant notfalls ersetzbar ist.

Selbstverständlich ist der Lehrer auch kein Therapeut. Es würde eine heillose Überforderungssituation darstellen, sozusagen neben der Erteilung von Unterricht, psychisch schwer gestörte Schüler therapieren zu wollen.

Aber welche Rolle nimmt der Lehrer dann ein, wenn er nicht in erster Linie Erzieher, Wissensvermittler oder Therapeut ist?

Auf jeden Fall ist er in einem ganz zentralen Ausmaß ein sogenannter „professioneller Kommunikator". Das heißt, als Lehrer treten Sie täglich mit sehr vielen Menschen, mit Eltern, Schülern und Kollegen, in einen Kommunikationsprozeß. Sie sind sozusagen gezwungen, ununterbrochen Kontakte herzustellen, oder anders ausgedrückt: Sie müssen zwischen sich und Ihren Mitmenschen „unsichtbare Brücken" bauen, über die Sie etwas von sich mitteilen können und umgekehrt von Ihren Mitmenschen Informationen aufnehmen können.

In den Bereich Selbstschutz des beratenden Lehrers vor Überforderung gehört auch der Grundsatz, *mit* dem Widerstand des Gesprächspartners zu gehen und *nicht gegen* den Widerstand zu handeln.

Weil in der menschlichen Psyche anders als in der Physik mehr Druck nicht zu mehr Bewegung, sondern in der Regel zu mehr Gegendruck führt, sollte sich der beratende Lehrer den frech klingenden, aber liebevoll gemeinten Ausspruch des holländischen Familientherapeuten van Trommel vor Augen halten: „Wenn man den Esel am Schwanz zieht, rennt er davon, und wenn man ihn von hinten schiebt, stemmt er sich dagegen."

Wenn alle gutgemeinten Versuche, die Eltern zu einer Beratung bzw. Therapie in einer außerschulischen Institution zu motivieren, scheitern, bleibt nur übrig zu warten, bis die Symptome des Problemschülers eskalieren. Diese Eskalation kann er allerdings vorhersagen. Dann geraten der Problemschüler bzw. seine Eltern in die Zwickmühlensituation, entweder die Vorhersage des beratenden Lehrers zu erfüllen oder tatsächlich eine außerschulische Beratungsinstitution aufzusuchen.

Falls allerdings im Extremfall Eltern nicht bereit oder in der Lage sind, ihre Elternfunktion wahrzunehmen, bleibt nur die Suche aller Beteiligten nach „Ersatzeltern", gemeinsam mit Vertretern des Jugendamtes, übrig. Angefangen von der Unterstützung der Familie durch eine Familienhelferin, über die Unterbringung des Kindes in einer Tageswohngruppe (mit Hausaufgabenbetreuung und Freizeitgestaltung) bis hin zur stationären Unterbringung des Problemschülers in einer Pflegefamilie oder Jugendwohngruppe, reicht die Skala der Möglichkeiten solchen Eltern und damit auch dem Problemschüler Hilfestellung zu bieten, die dann in Frage kommen, wenn ambulante außerschulische Beratungs- und Therapieangebote nicht mehr ausreichen.

Schließlich ist noch ein wichtiges Element, sich vor Überforderung zu schützen, der Umstand, daß im Bereich der Medizin niemand auf die Idee käme, eine Erfolgsquote von 100 Prozent zu erwarten oder zu verlangen.

Genauso können wir dann, wenn es um die Lösung zwischenmenschlicher Probleme geht, nicht eine Erfolgsquote von 100 Prozent anpeilen und uns dann eventuell noch selber abwerten, wenn wir „nur" mit 60 bis 80 Prozent der Problemfälle erfolgreich sind. Sich dies vor Augen zu halten, kann ebenfalls vor einem zu hohen Anforderungsniveau und damit vor Überforderung schützen.

2.3 Personale Präsenz des beratenden Lehrers

Unter Präsenz versteht man die Fähigkeit des beratenden Lehrers, im Beratungsgespräch mit allen seinen Sinnen, seiner Energie und seiner Kompetenz, sich dem Gesprächspartner zuzuwenden, und zwar sowohl in der Aufnahme von Information, als auch in seinen Reaktionen auf die verbalen und nonverbalen Prozesse des Gesprächspartners.

a) Wahrnehmende (aufnehmende) Präsenz des beratenden Lehrers läßt sich wie folgt beschreiben:

– aufmerksam,
– wach,
– konzentriert,
– sensibel,
– entspannt,
– in sich ruhend,
– geduldig,
– flexibel.

b) Reagierende Präsenz des beratenden Lehrers. Sie umfaßt folgende Merkmale:

– emotional warm,
– aktiv,
– lebendig,
– beteiligt,
– farbig und ausdrucksvoll,
– kreativ,
– spontan,
– humorvoll,
– kongruent (Übereinstimmung meiner verbalen und nonverbalen Äuße-rungen: Was ich sage, stimmt mit dem überein, wie ich es sage.),
– falls nötig: Konfrontierend bzw. provokativ

Vorsicht:

Diese Eigenschaftsliste einer positiven personalen Präsenz des beratenden Lehres ist keinesfalls so zu interpretieren, daß er alle diese Eigenschaften in jedem Beratungsgespräch mit jedem Gesprächspartner zeigt, sonst würde er Übermenschliches von sich verlangen. Vielmehr kann er darauf achten, welche dieser Eigenschaften gut zu seiner Persönlichkeit passen, ihm sozusagen liegen, und diese dann als besondere Stärken im Beratungsgespräch einsetzen.

2.4 Selbstwert und Selbstachtung des beratenden Lehrers

Selbstwert und Selbstachtung des beratenden Lehrers stehen im Zentrum seiner Persönlichkeitseigenschaften.

Wenn mein Selbstwertgefühl akut oder chronisch gestört ist, wird es mir als beratendem Lehrer sehr schwerfallen, die oben beschriebenen Beratereigenschaften zu entwickeln.

Hintergründe für ein verletztes Selbstwertgefühl können Partnerkonflikte, Sorgen um die Kinder, finanzielle Sorgen, eine schwache Position im Kollegium, mangelnde Kompetenz und vieles mehr sein.

Ebenfalls negativ auf die Beratungskompetenz eines Lehrers können sich die Anzeichen eines chronischen Energiedefizits aufgrund einer ständigen Überforderungssituation auswirken: Vom Gefühl ausgebrannt zu sein (burnt-out-Syndrom) über depressive Verstimmungen und Katastrophengedanken bei der inneren Beschäftigung mit der Schule bis hin zu schweren psychischen (Süchte, Depressionen) und psychosomatischen (Herz-Kreislauf-, Magenerkrankungen) Symptomen reicht die Skala der Überforderungsreaktionen.

2.5 Einige für den Beratungsprozeß nützliche Grundannahmen

Die im folgenden aufgeführten Grundannahmen sollen es uns erleichtern, effektive und weniger Energie verzehrende Beratungsgespräche zu führen.

a) Wir können andere Menschen nicht von außen kontrollieren und verändern, sondern sie höchstens ein Stück auf dem Weg der Selbständerung begleiten, ohne dabei allerdings in Versuchung zu geraten, den „problemgefüllten Rucksack" an ihrer Stelle zu tragen.

Beispiel: Das menschliche Nervensystem als ein sich selbst organisierendes System sucht sich aus der Umwelt die „passenden" Informationen heraus und baut sie ein. Dabei sollte die angebotene Information weder völlig unbekannt noch völlig bekannt sein, vielmehr eine gute Mischung aus bekannten und unbekannten Elementen enthalten. Wenn z. B. ein Computer-Konstrukteur einem Laien den Schaltplan eines Computers als Informationsgrundlage gibt, fängt letzterer damit nichts an, weil die Information zu unbekannt ist und daher nicht mit schon bekannten Elementen verknüpft werden kann.

b) Jeder Mensch konstruiert seine eigene innere Wirklichkeit – keine ist „richtiger" oder „falscher" als die andere. Allerdings sind manche Wirklichkeitskonstruktionen nützlicher im Sinne von Problem- und Krisenvermeidung im Alltagsleben.

Beispiel: Wenn ich als Schüler glaube, nur durch Unterrichtsstörungen von den Mitschülern Zuwendung und Aufmerksamkeit und nur durch aggressive Handlungen Kontakt zu den Mitschülern zu bekommen, habe ich mir keine sehr nützliche innere Wirklichkeit konstruiert. Diese Wirklichkeitskonstruktion kann nämlich dazu führen, daß ich immer mehr in eine Außenseiterposition gerate und darunter leide oder gar in eine Sonderschule für Erziehungsschwierige überwiesen werde.

c) Symptome sind kein Zufall (es sei denn als Ausdruck einer organischen Störung), sondern sie sind vielmehr sinnvoll und haben eine Funktion für den Betroffenen und sein Bezugssystem (Familie, Ehepartner, Kinder usw.).

Beispiel: Der Schüler, der sich Sorgen (bewußt oder unbewußt) um das Weiterbestehen der Ehe seiner Eltern macht, kann durch Störungen seiner weiteren Schulkarriere:

– die Eltern von ihrem Ehekonflikt ablenken,
– für ein gemeinsames Gesprächsthema in der Familie sorgen und damit die Eltern bzw. die Familie zusammenschweißen,
– die Eltern gegen sich oder die Schule zusammenschweißen,
– die Eltern zu mehr Aufmerksamkeit ihm gegenüber zwingen und vieles mehr.

d) Symptome entstehen in der Zeit und sind auch in der Zeit veränderbar und keine festen Persönlichkeitsmerkmale.

Wenn wir Symptome wie Körpermerkmale oder wie „vom Himmel gefallene" Krankheiten betrachten, schreiben wir sie als unveränderbar fest und definieren sie als eine vom Symptomträger unbeeinflußbare Größe. Von daher erscheint es uns nützlich, Etikettierungen zu vermeiden und

Symptome möglichst konkret als aktiv vom Symptomträger bzw. seinen wichtigsten Bezugspersonen gestaltbar zu bezeichnen.

Beispiel: Statt: „Martin hat eine Schulangst" sagen wir: „Martin weigert sich seit einer Woche, in die Schule zu gehen." Oder statt: „Matthias ist verhaltensgestört" sagen wir lieber: „Matthias fällt dadurch auf, daß er im Unterricht immer wieder seinen Platz verläßt und fast in jeder Pause Klassenkamerden tätlich angreift."

e) „Schweizer Käse-Prinzip":
Das Schmackhafte am Schweizer Käse ist der Käse rings um die Löcher. Wenn wir nur voller Verzweiflung auf die Löcher im Schweizer Käse starren, können wir nicht genießen. D. h., wir kommen als beratende Lehrer weiter, wenn wir die Ressourcen, die Stärken des Problemschülers, herausarbeiten, statt uns endlos in seinen Defiziten zu verlieren. Problemlösung heißt auch Lösung vom Problem.

3 Erster Stock: Rapport herstellen zwischen beratendem Lehrer und Gesprächspartner auf der nonverbalen Ebene sowie verbale Prozeßbegleitung

3.1 Die sieben Stufen des Rapports (nonverbale Prozeßbegleitung) zwischen beratendem Lehrer und Gesprächspartner

Die im folgenden aufgeführten Methoden dienen dazu, auf der nicht-sprachlichen Ebene eine unsichtbare Kontakt-Brücke zwischen beratendem Lehrer und Gesprächspartner zu bauen.

Der beratende Lehrer sollte sich nicht nur zu Beginn des Gesprächs, sondern immer wieder in dessen weiterem Verlauf des Rapports zum Gesprächspartner versichern, um so ein „Abkoppeln" vom Gesprächspartner zu verhindern.

a) Eine bequeme Sitzhaltung einnehmen, ein paarmal tief durchatmen, Verspannungen nachgehen und entspannen, sozusagen „innerlich ankommen".

Hilfreich sind innere Sätze, positive Affirmationen, wie: „Ich werde den Gesprächspartner im Gesprächsprozeß aufmerksam begleiten, aber ich bin nicht für seine Problemlösung verantwortlich, ich werde sein Problem nicht zu meinem machen."

Positionseinnahme:
– Abstand ein bis zwei Meter.

- Auf dieselbe Augenhöhe zwischen beratendem Lehrer und Gesprächspartner achten, sonst wird ein Oben-unten-Gefälle erzeugt.
- Sitzposition im 90°- bis 150°-Winkel zum Gesprächspartner, damit dieser auch die Möglichkeit hat, wegzuschauen und nicht nur frontal in die Augen des beratenden Lehrers.
- Je nach Intensität des Prozesses Oberkörper leicht zum Gesprächspartner hingeneigt, oder bei Gefahr zu sehr in seine Problematik hineinverwickelt zu werden: „Kinn hinters Herz", d. h. zurücklehnen, Abstand vergrößern und eventuell einige Zentimeter weiter wegrücken, um so als beratender Lehrer innerlich und äußerlich in eine befreiende Distanz gehen zu können.
- Möglichst keinen Tisch zwischen Gesprächspartner und beratendem Lehrer, da er zum einen als Barriere wirken kann, zum anderen der beratende Lehrer dadurch von der Körpersprache des Gesprächspartners abgeschnitten wird.

b) Nach innen gehen und spüren, ob irgendwo noch Verspannungen da sind; entspannen, seine Mitte finden. Sich in einen „guten Zustand" hineinversetzen. Nur wenn ich als beratender Lehrer ganz bei mir bin, bin ich auch wach und aufmerksam für mein Gegenüber.

c) Wieder nach außen gehen und den Kontakt mit dem Gesprächspartner halten:
- dissoziativ: d. h., ihn mit den „inneren Augen" etwas weiter wegrücken, ihn als ganze Person wahrnehmen, mit dem Raumhintergrund, weiter Fokus.
- assoziativ: d. h., den Gesprächspartner mit den „inneren Augen" nahe heranholen, einen Ausschnitt der Person, z. B. Gesicht oder Augen, wahrnehmen, verengter Fokus.

d) Vorübergehend seine Körperhaltung einnehmen und spüren, wie sie sich anfühlt. Das hat nichts mit papageienhafter Nachahmung zu tun, sondern erleichtert dem beratenden Lehrer das Hineinfühlen in den Gesprächspartner.

e) Mit dem Gesprächspartner mitatmen, um zu spüren, wie sein Atemrhythmus ist, dann wieder zu seinem eigenen Atemrhythmus finden.

f) Auf die Sprechgeschwindigkeit, Tonlage des Gesprächspartners achten und sie vorübergehend einnehmen, mit ihm mitgehen und wieder zu seiner eigenen Sprechgeschwindigkeit und Tonlage kommen.

g) Auf die Blickbewegungen (visuell, akustisch, kinästhetisch) und auf die Wortwahl des Gesprächspartners (visuell, akustisch, kinästhetisch) achten und ihn in seiner bevorzugten Repräsentationsebene abholen (siehe Exkurs „Repräsentationsebenen" auf der folgenden Seite).

Exkurs: Die Repräsentationsebenen des Gesprächspartners

Bei der überwiegenden Mehrzahl unserer Mitmenschen können wir anhand ihrer Blickbewegungen feststellen, in welchem Bereich ihrer inneren Welt sie sich gerade befinden, wenn sie mit uns reden.

Wenn wir unseren Gesprächspartner in seiner inneren Welt abholen, fühlt er sich besser verstanden, und es gelingt uns, einen tragfähigeren Kontakt zu ihm herzustellen. Wenn er sich gerade an die Bilder einer Situation erinnert (Augenbewegungen vom Beobachter aus nach rechts oben, visuelle Erinnerungsebene) und wir ihn fragen „was für Bilder sehen Sie gerade vor sich?", wird er sich wesentlich besser verstanden fühlen, als wenn wir ihn in diesem Moment fragen würden: „Was fühlen Sie gerade in dem Moment?"

Von da ist es nicht verwunderlich, daß sich im Laufe der letzten Jahre in der Gesprächsführung das Achten des Beraters auf die Blickbewegungen des Gesprächspartners zu einem wichtigen Element der nonverbalen und verbalen Prozeßbegleitung, des Kontaktherstellens entwickelt hat.

Die Blickbewegungen des Gesprächspartners lassen gewisse Rückschlüsse auf die Repräsentationsebene zu, auf der er sich gerade befindet.

In der Abbildung 15 ist ein Schema der Blickbewegungen des Gesprächspartners und der damit verbundenen inneren Prozesse vom Beobachter aus dargestellt.

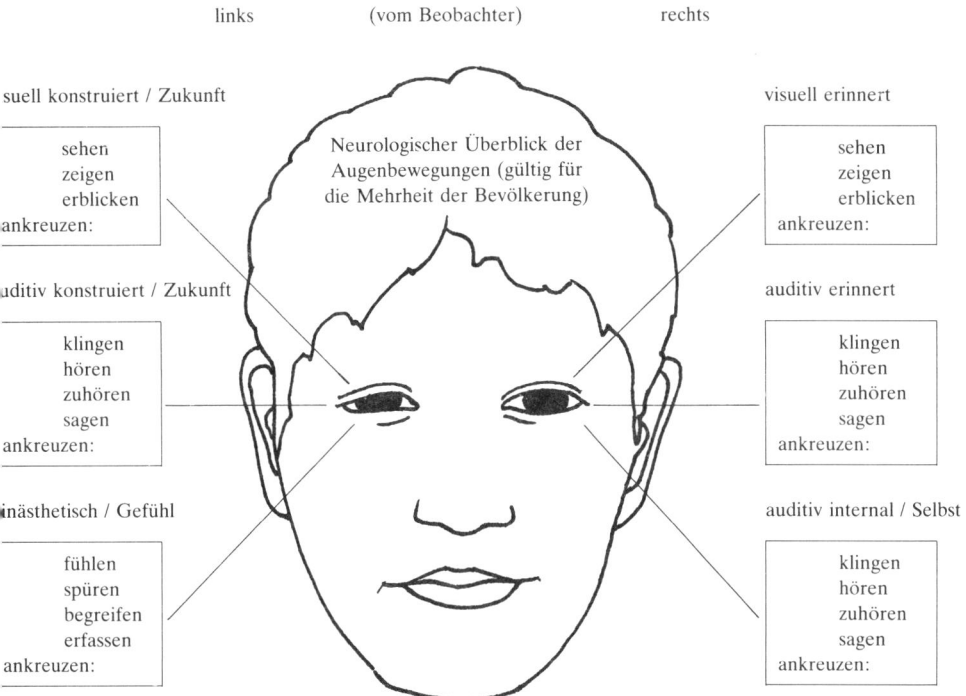

links (vom Beobachter) rechts

suell konstruiert / Zukunft

| sehen
zeigen
erblicken
ankreuzen: |

Neurologischer Überblick der
Augenbewegungen (gültig für
die Mehrheit der Bevölkerung)

visuell erinnert

| sehen
zeigen
erblicken
ankreuzen: |

uditiv konstruiert / Zukunft

| klingen
hören
zuhören
sagen
ankreuzen: |

auditiv erinnert

| klingen
hören
zuhören
sagen
ankreuzen: |

inästhetisch / Gefühl

| fühlen
spüren
begreifen
erfassen
ankreuzen: |

auditiv internal / Selbst

| klingen
hören
zuhören
sagen
ankreuzen: |

Abb. 15: Schema der Blickbewegungen (aus Nagel u. a. 1989, S. 176)

Übung zum Erfassen der Repräsentationsebenen (aus Wippich 1985, S. 236 f).

Setzen Sie sich mit einem Gesprächspartner zusammen! Stellen sie ihm die unten aufgeführten Fragen! Kreuzen Sie dabei jeweils auf einem in sechs Fächern unterteilten Rechteck, wie wir es hier abgebildet haben, an, wo sich die Blickstellung ihres Gesprächspartners bei der inneren Beantwortung der von Ihnen gestellten Fragen befindet!

A stellt B die unten aufgeführten Fragen.
B sollte sich auf *seine* inneren Vorstellungen und Gedanken einlassen.

A notiert die Augenstellung (7.00^h, 9.00^h, 11.00^h, 1.00^h, 3.00^h, 5.00^h oder starr geradeaus) vom Beobachter aus gesehen.
Nach der Hälfte der Fragen werden die Rollen getauscht.

Fragen Augenstellung

Frage			
1. Ist bei Ampeln grün oben oder unten? 11 h			1 h
2. Denk an den Klang der Stimme Deiner Mutter! 9 h			3 h
3. Versuche daran zu denken, wie sich Katzenfell 7 h anfühlt!			5 h
4. Denke an das Klingeln Deines Weckers am Morgen!			
5. Wie ist die Augenfarbe Deiner Mutter?			
6. Denke an das Gefühl, in einer Badewanne zu liegen!			
7. Denke an das Gefühl, auf Glatteis auszurutschen!			
8. Wie würdest Du selber aussehen, wenn Du rote Haare hättest oder eine rote Perücke tragen würdest?			
9. Wie klingt Dein Lieblingslied?			
10. Versuche in das Gefühl hineinzugehen, wie es für Dich war, als Du starke Prüfungsangst hattest!			
11. Denk an die Stimme Deiner Mutter, Deines Freundes, wie sie im Alter von 90 Jahren klingen würde!			
12. Wie würdest Du aussehen, wenn Du alt bist und weißes Haar hättest?			
13. Stell Dir vor, ein lieber Mensch sagt Dir Deinen Namen auf eine angenehme Art und Weise!			
14. Wie sah heute morgen Dein Frühstückstisch aus?			
15. Denke an das Gefühl, auf Glatteis auszurutschen!			

16. Denke an das Gefühl, in einem uralten Auto auf ganz harten Sitzen über eine holprige Straße zu fahren!

17. Kannst Du Dir vorstellen, wenn Du einen Vollbart hättest?

18. Hör Dich einmal selbst Hänschen klein singen!

Anmerkung:

Da die neben den Fragen befindlichen Kästchen zum Ankreuzen der Blickbewegung jeweils nur für eine Frage bestimmt sind, können die beiden folgenden Fragen auf einem vorbereiteten karierten Blatt (Rechenkästchen) numeriert und eingetragen werden.

Beispiel:

„Denk an den Klang
der Stimme deiner Mutter"

Aber nicht nur auf der nonverbalen Ebene der Blickbewegungen des Klienten ergeben sich Hinweise, auf welcher Repräsentationsebene (visuell, auditiv, kinästhetisch) er sich innerlich befindet, bzw. welche er bevorzugt, sondern auch seine verbalen Äußerungen geben uns wichtige Informationen:

– Sagt der Gesprächspartner beispielsweise: „Da ist mir klar geworden." „Da haben sich mir neue Perspektiven eröffnet." „Das habe ich mir vorgestellt." „Das habe ich gesehen." „Das habe ich erkannt." usw., so benutzt er vornehmlich Worte des visuellen Bereichs, und der beratende Lehrer kann entsprechend darauf reagieren.

– Sagt der Gesprächspartner beispielsweise: „Das klingt für mich so." „Das ist mir zu Ohren gekommen." „Da habe ich erwähnt." „Da habe ich bemerkt". „Man hat mir gesagt." usw., so benutzt er hier Worte der auditiven Repräsentationsebene. Wiederum kann der beratende Lehrer durch eine entsprechende Wortwahl darauf reagieren.

– Sagt der Klient beispielsweise: „Das hat mich umgehauen." „Das hat mich ergriffen". „Das hat mich gepackt." „Davon war ich sehr bewegt." „Da war ich gespannt." „Da habe ich gespürt." usw., so benutzt er vorwiegend Worte des kinästhetischen Bereichs, und der beratende

Lehrer kann wiederum durch entsprechende Wortwahl dem Gesprächspartner auf dessen innerer Repräsentationsebene begegnen.

Anmerkung:

Achten auf die Blickbewegungen und die Wortwahl des Gesprächspartners sowie die darauf abgestimmten Reaktionen des beratenden Lehrers
stellt „die Hohe Schule der Kommunikation" dar. Deshalb sollte sich der
Anfänger in Gesprächsführung auf keinen Fall überfordern, indem er
beispielsweise den Anspruch an sich stellt, die oben erwähnten Elemente,
wie die Blickbewegung des Gesprächspartners und seine Wortwahl, von
Anfang an in seine Beratungsgespräche einzubauen. Als Anfänger genügt
es vollständig, sich zunächst einmal auf eine Repräsentationsebene des
Gesprächspartners (vorzugsweise die visuelle) zu konzentrieren und die
entsprechenden Beraterreaktionen in das Gespräch einzubauen.

**Exkurs: Das Vier-Ebenen-Interaktionsmodell des Erlebens und
Verhaltens**

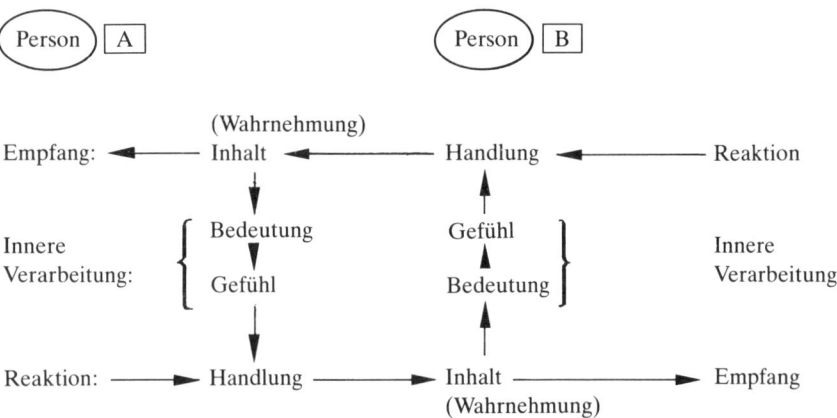

Beispiel:

Person A sei die Mutter, Person B der Sohn,
Thema: Trödeln bei den Hausaufgaben.
Die Mutter nimmt auf der *Inhaltsebene* wahr, daß ihr Sohn (Grundschüler) 2½ Stunden für das Erledigen der Hausaufgaben benötigt.
Sie gibt dem die *Bedeutung,* daß ihr Sohn intellektuell überfordert ist
(trotz vom Beratungslehrer gemessener überdurchschnittlicher Intelligenz).

Das löst bei ihr das *Gefühl* aus, für seine Hausaufgaben verantwortlich zu sein, gemischt mit Gefühlen von Schuld und Überforderung.

Das führt auf der *Handlungsebene* bei ihr dazu, ihm beim Erledigen der Hausaufgaben intensive Hilfestellung zu geben, bis dahin, daß sie an seiner Stelle Hausaufgaben erledigt.

Der Sohn nimmt das intensive Bemühen und Helfen der Mutter wahr auf der *Inhaltsebene*. Er gibt dem die *Bedeutung,* daß er nicht selbständig in der Lage ist, die Hausaufgaben zu erledigen. Das löst bei ihm das *Gefühl* von Hilflosigkeit, Überforderung und Versagen aus, was längerfristig seinen Selbstwert verringert. Das löst bei ihm auf der *Handlungsebene* eine verstärkte Unsicherheit und verringerte Selbständigkeit beim Erledigen der Hausaufgaben aus, was wiederum die Mutter wahrnimmt usw.

Wichtig:

Immer wiederkehrende Interaktionsmuster zwischen beteiligten Personen verfestigen sich langsam zu sogenannten „geeichten Zyklen", auch „Teufelskreise" genannt. Diese gilt es durch die Technik des zirkulären Fragens (vgl. S. 121 ff.) auf den erläuterten vier Prozeßebenen zu erkennen und damit einer Veränderung zugänglich zu machen.

Das Vier-Ebenen-Interaktionsmodell stellt das Kernstück, sozusagen die zentrale Landkarte der verbalen Prozeßbegleitung im Beratungsgespräch dar und soll im folgenden näher erläutert werden, und zwar an einem *Beispiel* aus dem Schulalltag:

Zwei Lehrerinnen unterhalten sich im Lehrerzimmer während der großen Pause über einen Vorfall, den die eine der beiden, nennen wir sie Frau Abel, in der vergangenen Woche im Technischen Werken in einer dritten Klasse erlebt hat: Frau Abel hat dem neunjährigen Mirko nach zweifacher Ermahnung eine Schere weggenommen, mit der er seiner Nebensitzerin vor den Augen herumgefuchtelt hat. Er hat ihr daraufhin einen Schlag auf den Arm versetzt und mit tränenerstickter Stimme „Du blöde Sau" geschrien.

Bis zu diesem Punkt geht es also in den Schilderungen von Frau Abel um den von ihr ① wahrgenommenen *Inhalt* in der Situation.

Die Kollegin, Frau Bender, fragt daraufhin nach, wie sich Frau Abel dieses auffällige Verhalten Mirkos erklärt, bzw. welche ② *Bedeutung* sie ihm gibt.

Frau Abel meint daraufhin, Mirko könne sie eh nicht leiden, er sei ihr gegenüber feindselig eingestellt, alle Versuche, zu ihm ein unbelastetes Verhältnis aufzubauen, würden von ihm zunichte gemacht.

Ihre mit dieser Bedeutungsgebung verbundenen ③ Gefühle schildert Frau Abel als Wut, Kränkung, Verletztheit.

Auf die Frage Frau Benders, wie Frau Abel mit dieser Situation umgegangen sei, berichtet sie voller Erregung, wie sie Mirko vor die Tür gestellt habe. ④ (Ebene des Verhaltens, der Reaktion).

Daraufhin könnte Frau Bender nachfragen, wie Mirko auf diese Aktion der Lehrerin reagiert hat usw. (Abfragen von Reaktionsketten).

Wenn wir als beratender Lehrer mit dem Vier-Ebenen-Interaktions-Modell arbeiten, dürfen wir in der Regel nicht davon ausgehen, daß der Gesprächspartner von sich aus, schön der Reihenfolge nach, Inhalt (Wahrnehmung) → Bedeutung, → Gefühl, → Reaktion, seine Problematik schildert. So könnte im oben erwähnten Beispiel Frau Abel lediglich die Situation (aggressiver Akt Mirkos) und ihre Reaktion darauf (vor die Türe stellen) schildern und damit ihre Interpretation des Verhaltens Mirkos und die damit verbundenen Gefühle auslassen. Es wäre dann Aufgabe von Frau Bender, die fehlenden Prozeßebenen (Bedeutungsgebungs- und Gefühlsebene) zu erfragen.

Es könnte aber auch sein, daß Frau Abel nicht mit der Situationsschilderung ① und deren Deutung ② beginnt, sondern mit ihren Gefühlen ③ („Der Mirko hat mich heute so zur Weißglut gebracht..." und der davon ausgelösten Reaktion ④ „...daß ich ihn kurzerhand vor die Tür gestellt habe...").

Wichtige Anmerkung: *Nicht allein die Situation bestimmt unsere Reaktionsweise, sondern unsere Interpretation, unsere Bedeutungsgebung der Situation.*

So könnte in dem oben genannten Beispiel die ebenfalls in derselben Klasse unterrichtende Frau Bender die Hintergrundinformation besitzen, daß Mirkos Eltern dabei sind, sich zu trennen und die Mutter mit dem Gedanken spielt, zu ihrem Freund zu ziehen. Sie könnte dann Mirkos aggressiver Handlung die Bedeutung „verzweifeltes Notsignal" geben (statt Aggression gegen die Lehrerin), was bei ihr eher Gefühle von Mitleid statt von Kränkung auslösen könnte. Auf der Verhaltensebene könnte sie zum Beispiel daraufhin Mirkos Hand aus einer inneren sicheren Haltung festhalten und mit ihm ein Gespräch unter vier Augen und in der Pause vereinbaren usw.

Es sind also zu jedem Ereignis mehrere Bedeutungsgebungen denkbar, die verschiedene Gefühle und Reaktionsweisen hervorrufen können.

Es existieren aber auch Prozesse in umgekehrter Richtung: Wir probieren ein neues, anderes Verhalten aus, rufen beim Gegenüber entsprechende Reaktionen hervor und müssen im Gefolge davon unsere bisherigen Bedeutungsgebungen revidieren.

Ein *Beispiel* dazu: Frau Abel, die Mirko bei Unterrichtsstörungen immer vor die Tür gestellt hat, ohne daß es zu einer Reduzierung seines störenden Verhaltens geführt hätte, entschließt sich eines Tages, ganz anders zu reagieren, und sagt zu ihm: „Mirko, ich sehe, daß du einen Kummer hast, aber ich lasse mich nicht von dir zwingen, mit dir darüber zu reden, indem du den Unterricht störst. Wir sprechen morgen um … Uhr in der xten Schulstunden miteinander."

Als es Frau Abel gelingt, in diesem Gespräch zu dem anfangs trotzigen und verschlossenen Mirko eine Vertrauensbasis herzustellen, erfährt sie einiges über seine Ängste vor der bevorstehenden Trennung der Eltern und über seinen Ärger auf die Mutter, der sich fast täglich gegen seine Lehrerin (als Ersatzobjekt) richtet. Daraufhin entsteht bei Frau Abel die neue Bedeutung „Hilferuf", und sie sieht sich in ihrer Lehrerinnenrollen als stellvertretendes Aggressionsobjekt für die Mutter, als Hintergrund für Mirkos Unterrichtsstörung, was wiederum ganz andere Gefühle und Reaktionsweisen bei ihr zur Folge hat.

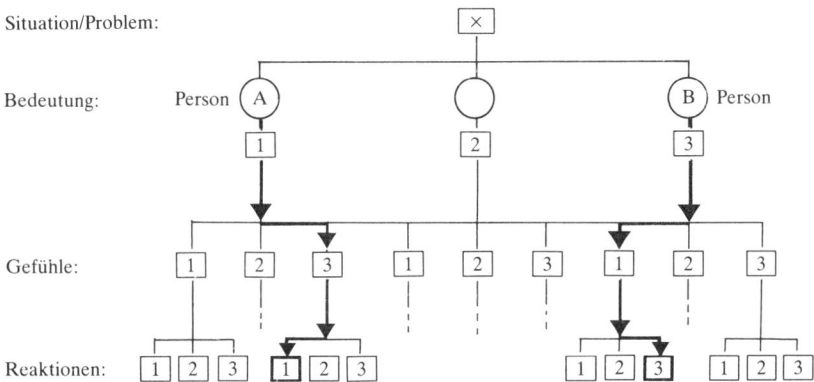

Abb. 16: Verzweigungsbaum der menschlichen Situations-Reaktionsprozesse

117

Anhand des Verzweigungsbaums kann deutlich gemacht werden, wie wenig sinnvoll es ist, kurzschlüssig von einer bestimmten geschilderten Problemsituation X des Gesprächspartners *vorschnell Tips oder gute Ratschläge* (auf der Reaktionsebene) nach dem Motto: „Tu das oder tu jenes" zu erteilen.

Der beratende Lehrer müßte sicher sein (und das kann er nur, wenn er seinem doppelten Ich gegenübersitzt oder Gedanken lesen kann), daß die geschilderte Problemsituation x des Gesprächspartners bei diesem dieselbe Bedeutungsgebung, dieselben Gefühle und dieselben Reaktionen hervorruft, wie bei ihm selbst.

Da wir jedoch als unterschiedliche Menschen mit unterschiedlichen Nervensystemen ausgestattet sind, ferner sehr verschiedenen Sozialisationsprozessen und Lernerfahrungen ausgesetzt waren und außerdem in sehr verschiedenen Beziehungssystemen leben, ist es sehr unwahrscheinlich, daß Tips und Ratschläge des beratenden Lehrers für die geschilderte Problemsituation des Gesprächspartners passen. Hier kann es nur um reine Zufallstreffer gehen. Sinnvoller scheint demgegenüber die Prozeßbegleitung auf den Ebenen Bedeutung, Gefühle und Reaktionsverhaltensweisen.

Übungen zum Vier-Ebenen-Interaktionsmodell

a) Zur folgenden Übung setzen Sie sich am besten mit einigen Kolleginnen und Kollegen kreisförmig zusammen.

Im Uhrzeigersinn erzählt nun Teilnehmer A (Gesprächspartner) dem neben ihm sitzenden Teilnehmer B (beratender Lehrer) ein Problem aus dem Schulalltag.

B klärt durch Fragen die fehlenden Erlebens- und Verhaltensebenen in der Reihenfolge: ① Problemsituation —② Bedeutungsgebung —③ Gefühle —④ Verhaltensreaktion —⑤ sowie Gegenreaktionen der beteiligten Personen (Schüler, Eltern, Kollegen und Kolleginnen).

Anschließend geht Teilnehmer B in die Rolle des Gesprächspartners, d. h., er berichtet eine Problemsituation aus dem privaten oder dem Schulalltag, und der links neben ihm sitzende Teilnehmer C nimmt die Rolle des beratenden Lehrers ein usw.

Als Vorlage für die Übung kann das oben aufgeführte Lehrer-Eltern-Gespräch dienen.

b) Wie in der vorigen Übung sitzen mehrere Kolleginnen und Kollegen kreisförmig zusammen, und Kollege A fängt damit an, über ein Problem des Schulalltags (wie in der ersten Übung) zu berichten. Nun müssen der Reihenfolge nach, im Uhrzeigersinn, die anderen Teilnehmerinnen und Teilnehmer nacheinander jeweils eine Ebene klären, also zum Beispiel Kollege B klärt die Problemsituation auf der Inhaltsebene, Kollege C klärt die Problemsituation auf der Ebene der Bedeutungsgebung, Kollege D klärt die Problemsituation auf der Gefühlsebene usw.

Diese Übungen dienen dazu, das Reaktionsrepertoire und die Reaktionsgeschwindigkeit des beratenden Lehrers zu schulen, und sie können ihn außerdem davor bewahren, in seinen Beratungsgesprächen nur auf der Inhaltsebene stecken zu bleiben.

3.2 Prozeßbegleitung (verbaler Kontakt) zwischen beratendem Lehrer und Gesprächspartner

a) Reaktionen des beratenden Lehrers auf der *Inhaltsebene*

Diese Reaktionen werden benötigt, um die faktischen, vom Klienten geäußerten Informationen und Ereignisse zusammenzufassen, zu klären und zu verstehen.

Die Klärung ist die schwierigste und zugleich wirkungsvollste Art des Reagierens auf der Inhaltsebene: Sie besteht darin, den Sinn der Aussage zu erfassen und diesen dem Gegenüber wieder anzubieten. Hier besteht die Schwierigkeit darin, vom für den Gesprächspartner Wesentlichen auszugehen. Das Risiko einer Interpretation ist groß.

Die Klärung erfordert folglich die Intuition des beratenden Lehrers, die Fähigkeit zur klaren Darstellung, den Verzicht auf jedes Rechthaben wollen und wenig eigene Redeanteile.

Antwortarten:
– „So heißt das für Sie . . .“
– „Mit anderen Worten . . .“
– „Das klingt so wie . . .“
– Verstehe ich Sie richtig . . .“

Beispiele:
– „Wollen Sie damit sagen, daß Herr Müller Ihren Sohn Ihrer Meinung nach härter anfaßt als die anderen Kinder in der Klasse?“
– „Mit anderen Worten, Sie haben es vermieden, zu ihm in die Sprechstunde zu kommen?“

b) Reaktionen des beratenden Lehrers auf der Ebene der *Bedeutungsgebung:*

Reaktionen auf dieser Ebene sind wichtig, um dem Gesprächspartner die Erforschung und das Verständnis der kognitiven Prozesse seiner Erfahrung einschließlich seiner Glaubenssysteme, Werte, Vorlieben, Ziele, Bedürfnisse, Selbstwahrnehmung, Risikobereitschaft, Vorhersagen und Urteile zu erleichtern.

Antwortarten:
– „Sie glauben, daß Sie... (Bedeutungsgebung)"
– „Sie erleben sich selbst als... (Bedeutungsgebung)"
– Sie wollen gerne... (Bedeutungsgebung)"

Beispiele:
– „Sie glauben, daß alle Lehrer Ihres Sohnes Ihre Familie ablehnen?"
– Sie erleben sich in dieser Situation selbst als ziemlich hilflos?"
– Sie wollen Ihren Standpunkt durchsetzen, egal was es kostet?"

c) Reaktionen des beratenden Lehrers auf der *Gefühlsebene:*

Reaktionsfertigkeiten auf dieser Ebene sind wichtig, um dem Gesprächspartner die Erforschung, die Wahrnehmung und den vollen Ausdruck seiner Gefühle und Emotionen zu erleichtern.

Oft neigt der Gesprächspartner dazu, mehr über äußere Sachverhalte als über seine Empfindungen zu sprechen. Hier hat der Lehrer/Berater die Aufgabe, die emotionalen Erlebnisinhalte in den Vordergrund zu rücken, d. h., er versucht auch dann die Gefühle anzusprechen, wenn sie nur indirekt geäußert werden.

Der Schwerpunkt liegt hier nicht auf dem Inhalt der Aussage des Gesprächspartners, sondern auf den Gefühlen, die hinter diesen Aussagen stehen. Hat unser Gesprächspartner gesagt: „Ich bin sehr unglücklich darüber, daß...", oder „Es ärgert mich sehr, daß...", dann hat er seine Gefühle schon direkt ausgedrückt, und es genügt, daß wir akzeptierend zuhören. Wenn er aber seine Gefühle indirekt ausdrückt, dann helfen wir ihm, diese besser zu erkennen und wahrzunehmen, wenn wir seine indirekten Äußerungen in direkte übersetzen und ihm diese mitteilen.

Antwortart:
„Sie fühlen... (Gefühl XY)"
„Sie erleben..."
„Sie sind (... Gefühlsbeschreibung)"

Beispiele:

„Sie fühlen sich im Moment gerade sehr gedrückt."

„Sie waren damals außer sich."

„Sie fühlen sich im Moment gerade so, als ob Sie explodieren könnten."

Reaktionen des beratenden Lehrers auf Gefühle einschließlich äußerer Verursachungen:

Diese Reaktionsform soll dem Gesprächspartner helfen, die Beziehungen zwischen seinen Gefühlen und *äußeren Ereignissen,* die diese Gefühle auslösen, zu erforschen und zu verstehen.

Antwortart:

„Sie fühlen... (Gefühl XY), weil (äußerer Anlaß VZ)."

Beispiele:

„Sie fühlen sich entmutigt, weil er Ihnen nicht auf halbem Weg entgegenkommt...."

„Du fühlst Dich unsicher, wenn die Augen aller Klassenkameraden auf Dich gerichtet sind..."

Reaktionen des beratenden Lehrers auf Gefühle einschließlich *innerpsychischer Ursachen:*

Diese Reaktionsform soll dem Gesprächspartner helfen, die Verantwortung für einen inneren Auslöser seines Gefühlszustandes zu erfahren und anzunehmen.

Antwortform:

„Sie fühlen... (Gefühl XY), weil Sie, bzw. wenn Sie (innerpsychische Verursachung VW)..."

Beispiele:

„Sie fühlen sich entmutigt, weil Sie das starke innere Bedürfnis hatten, daß er ihnen auf halbem Weg entgegenkommt..."

„Sie fühlen sich unsicher, wenn Sie sich selber kritisch beobachten und innerlich abwerten, während Sie Ihren Unterrichtsbeitrag vor der versammelten Klasse geben."

d) Reaktionen des beratenden Lehrers auf das *Verhalten* und die *Interaktionen* des Gesprächspartners durch Beziehungsfragen (vernetzte, zirkuläre Fragen)

Hier geht es um Fragen zum Effekt von gezeigten Verhaltensweisen: Was geschieht, wenn ein bestimmtes Problemverhalten xy gezeigt wird? In welchen Situationen wird es wie stark gezeigt? Wer ist dabei? Wer reagiert wie? Wie verläuft die zeitliche Sequenz?

Im Mittelpunkt stehen Verhaltensweisen im *Beziehungsgefüge,* d. h. solche Reaktionsweisen des Gesprächspartners, die sich an andere richten und auf die wichtige Bezugspersonen seiner Umwelt reagieren und umgekehrt.

Beziehungsfragen dienen beispielsweise zur Erhellung eines Symptoms (Problems) im familiären Beziehungsgefüge des Problemschülers. Wenn ausgeschlossen ist, daß Lern- und Leistungsprobleme (erst recht Verhaltensprobleme) auf Begabungsmängel des Schülers zurückzuführen sind, kann der beratende Lehrer mit Hilfe von *Beziehungsfragen* Sinn und Funktion der Symptomatik für das familiäre Umfeld des Schülers diagnostizieren.

Beziehungsfragen sind sokratische Fragen mit einer mäeutischen (Hebammen-)Funktion: Indem der Gesprächspartner diese Fragen beantwortet, erschließen sich ihm neue, bisher nicht so gesehene Zusammenhänge zwischen seinem geschilderten Problem und der Art und Weise, wie er selbst und wichtige Bezugspersonen dieses Problem aufrechterhalten oder verstärken.

Durch die Beantwortung von Beziehungsfragen werden bisherige Sichtweisen (z. B. Bedeutungsgebungen) erschüttert und neue gebahnt. „Eine gute Frage ist die eleganteste Art der Informationsvermittlung."

Beziehungsfragen können nach folgendem Grundmuster gestellt werden:
Während ich in der klassischen partnerzentrierten Gesprächsführung, Fragen in bezug auf die Gedanken, Gefühle, Befürchtungen, Phantasien usw. des einzelnen mir gegenübersitzenden Gesprächspartners stelle, also individuumzentriert vorgehe,
werden Beziehungsfragen nach folgendem Grundmuster gestellt:

a) dyadische Fragen:

Hier wird der Fokus der Fragen auf die Interaktionsprozesse und die Beziehungsstrukturen zwischen zwei Personen A und B gerichtet, wie z. B. Mutter und Kind, Vater und Kind, Mutter und Vater.

Person A wird über ihre Beziehungseinschätzung bzw. immer wiederkehrende Interaktionsprozesse bezüglich Person B gefragt und umgekehrt.

Beispiel:

„Frau Müller, was denken Sie, läuft zwischen Ihnen und Philipp ab, wenn sie beide zusammen drei Stunden an den Hausaufgaben sitzen?"
und umgekehrt:

„Philipp, wie geht es dir mit deiner Mutter? – Was passiert da zwischen euch beiden, wenn ihr drei Stunden lang bei den Hausaufgaben sitzt?"
oder:
„Wie sehen Sie, Frau Müller, die Beziehung zu Ihrem Sohn Philipp verglichen mit der Beziehung zu Ihrer Tochter Tanja?"

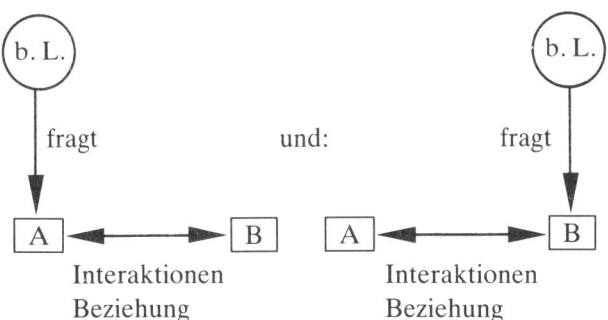

Abb. 17 Dyadische Fragen

b) Triadische Fragen:

Hier wird eine Person C über die Beziehung bzw. Interaktionen zwischen zwei Personen A und B befragt, und anschließend kann eine Person B entsprechend über die Personen A und C, bzw. eine Person A über die Personen B und C befragt werden.

Beispiel:

„Herr Maier, wenn Sie erleben, daß Ihre Frau mit Ihrem Sohn Philipp jeden Nachmittag drei Stunden mit der Betreuung der Hausaufgaben verbringt, was denken Sie, läuft zwischen den beiden ab?"
oder:
„Herr Maier, wie sehen Sie die Beziehung zwischen Ihrem Sohn Philipp und Ihrer Frau?"
oder:
„Herr Maier, erleben Sie Unterschiede in der Art und Weise, wie Ihre Frau mit Ihrem Sohn Philipp umgeht, verglichen dazu, wie sie sich Ihrer Tochter Tanja gegenüber verhält?"

Die Person C kann auch durch eine dritte, nicht anwesende Person ersetzt werden, die die betreffende Familie gut kennt.

Beispiel:

„Frau Maier, wenn ich Ihre häufig bei Ihnen im Haushalt anwesende

Mutter fragen würde, wie sie die Beziehung zwischen Ihnen und Philipp erlebt, was denken Sie, würde sie antworten?"

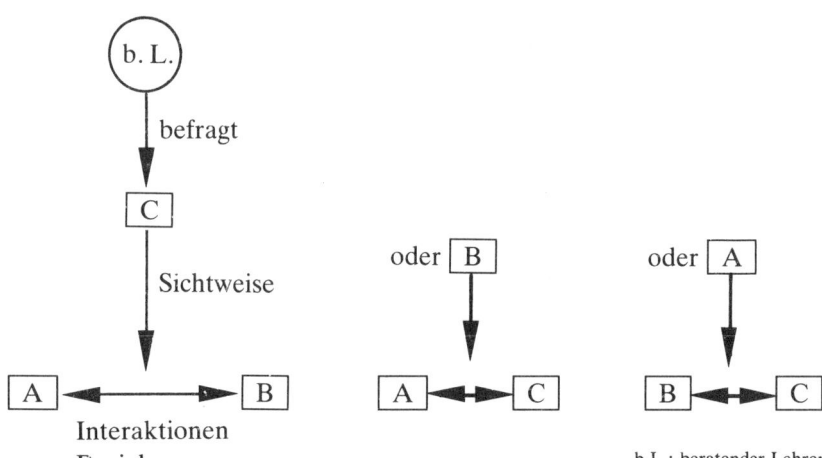

Abb. 17: Triadische Fragen

Einige Fragebeispiele:

„Was macht die Mutter, wenn der Vater den Sohn schimpft, wenn er mit einer Fünf nach Hause kommt?"

„Was macht die Mutter, wenn die Tochter nach zwei Stunden immer noch nicht mit den Hausaufgaben fertig ist?"

„Was denken Sie, läuft zwischen Ihrer Frau und Ihrem Sohn ab, wenn die beiden den ganzen Nachmittag mit dem Erledigen der Hausaufgaben verbringen?"

„Wer zeigt sich (am meisten, am wenigsten) besorgt über die Fünfen, die Philipp nach Hause bringt?"

„Bei wem erledigt Ihr Sohn schneller seine Hausaufgaben? Bei Ihnen oder bei Ihrem Mann?"

„Wenn die Mutter täglich mit ihrem Sohn Diktate übt, macht er sie dann Ihrer Beobachtung nach eher gerne oder zunehmend ungern?"

„Wenn sich Ihr Sohn xy verhält, ähnelt er da eher der Mutter oder dem Vater?"

„Wer von deinen Eltern wird deiner Phantasie nach leichter damit zurechtkommen, wenn du in zwei Jahren erfolgreich dein Abitur bestehst und zum Studieren von zu Hause wegziehst?

„Frau Maier, wie erklärt sich Ihr Mann, daß Ihr Sohn Philipp trotz durchschnittlicher Intelligenz nicht die Versetzung von der zweiten in die dritte Klasse schafft?"
– Sehen Sie es genauso?
– Wann haben Sie begonnen, es sich so zu erklären?
– Wer sieht es noch so?
– Sieht es jemand anders?

Zwei Einschränkungen möchte ich dem beratenden Lehrer allerdings mit auf den Weg geben, der mit dieser hochwirksamen Methode das familiäre Beziehungsgefüge des Problemschülers erhellen will:

a) Fragen, die auf die Eltern-Kind-Beziehungsebene zielen (z. B. wie fördern/verhindern Eltern eine positive Lernhaltung ihres Kindes?) sind legitim und „ungefährlich".
Vorsicht ist jedoch bei Fragen angebracht, die die (Ehe)-Paar-Ebene der Eltern berühren (z. B. wieviel Nähe/Distanz, Streit u. ä. es zwischen den Eltern gibt).
Die Paarebene ist für die meisten Eltern nach außen geschützt und wird in der Regel tabuisiert. Wenn die Eltern Paarkonflikte von sich aus ansprechen oder aufgrund einer guten Vertrauensbeziehung zum beratenden Lehrer diesbezügliche (allerdings taktvolle) Fragen des beratenden Lehrers bereitwillig beantworten, können sich wichtige Symptomfunktionen erschließen, wie z. B., daß die latente Scheidungsdrohung beim Problemschüler emotionalen Streß erzeugt und somit ursächlich ist für das Entstehen von Konzentrations- oder Motivationsstörungen.
Die Bearbeitung oder Klärung des Ehekonflikts ist aber auf jeden Fall Sache einer dafür eingerichteten außerschulischen Beratungs- oder Therapieinstitution.

b) Beziehungsfragen stellen eine ganz erhebliche Anforderung an die geistige Beweglichkeit des beratenden Lehrers und erfordern viel praktische Übung und Erfahrung.
In diesem methodischen Bereich sollte also der beratende Lehrer mit sich selber Geduld haben und sich vor zu hohen Ansprüchen und Überforderungen schützen. Am Anfang genügt es, sich zunächst einmal ein gutes Dutzend „Standardfragen" einzuprägen, die verschiedene Reaktionen der Eltern im Umgang mit der Schulproblematik ihres Kindes zum Ziel haben. Mit zunehmender Sicherheit kann dann das Fragenrepertoire allmählich erweitert werden.

Beispiel:

Ausschnitt aus einem Gespräch zwischen einer Mutter und dem Klassenlehrer

Ratsuchende (Mutter)

Berater (Klassenlehrer)

Inhalt: Seufzen: „Mein Philipp (2. Klasse Grundschule, überdurchschnittlich intelligent) braucht zwei Stunden für die Hausaufgaben..."

Reaktion Inhalt: „Mit anderen Worten, es erscheint Ihnen extrem lange?"

Mutter bestätigt

Frage Bedeutung: „Wie erklären Sie sich das?"

Bedeutung: „Er arbeitet einfach zu langsam, vielleicht ist er auch überfordert..."

Reaktion Bedeutung: „Sie meinen, er ist von seiner Auffassungsgabe her nicht in der Lage, die Hausaufgaben rascher zu erledigen?"

Mutter bestätigt das mit leisem Zweifel in der Stimme.

Frage Gefühl: „Wenn Sie das Hausaufgabendrama mit Philipp täglich miterleben und denken, er sei überfordert, was geht dann innerlich in Ihnen vor?"

Gefühl: „Ich fühle mich überfordert und hilflos, aber manchmal werde ich auch sauer auf ihn."

Reaktion Gefühl: „Sie möchten ihm einerseits gerne helfen, wissen aber nicht wie, werden aber auch andererseits durch Philipps Trödeleien ganz ärgerlich auf ihn."

Mutter bestätigt, schaut unglücklich.

Frage nach Verhalten: „Und wenn Sie sich so fühlen, wie verhalten Sie sich dann Philipp gegenüber?"

Verhalten (interaktiv): „Ich setze mich zu ihm hin, ermahne ihn, schneller zu arbeiten, oft schimpfe ich auch mit ihm. Wenn ich gar nicht mehr kann, mache ich auch die Aufgaben für ihn fertig."

Frage nach Reaktion auf dieses Verhalten: „Was beobachten Sie, wie Philipp darauf reagiert?"

usw.

4 Zweiter Stock: Einzelne ausgewählte Methoden und Techniken der Gesprächsführung

Nahezu alle der unten angeführten Methoden und Techniken (besonders die Fragetechniken) können jeweils auf den vorher beschriebenen vier Ebenen der Prozeßbegleitung des menschlichen Erlebens und Verhaltens (Wahrnehmung, Bedeutung, Gefühl, Reaktion) angewandt werden.

4.1 Kommunikationsklärung durch genaueres Nachfragen

Als allgemeines Ziel haben wir eingangs formuliert, daß der beratende Lehrer gemeinsam mit dem Gesprächspartner versucht, die Voraussetzungen für eine dem Gesprächspartner nützlichere Wirklichkeitskonstruktion (Selbst- und Umweltwahrnehmung) zu schaffen.
Jeder von uns konstruiert seine eigene innere Wirklichkeit, sein „Modell der Welt", gefiltert durch seine ganz individuelle Art der sinnlichen Wahrnehmung mit der Summe der gegenwärtigen und vergangenen Erfahrungen und Beziehungen.
Das Medium, in dem wir unsere innere Wirklichkeitskonstruktion anderen Menschen mitteilen, ist die Sprache. Wir denken und erleben in Sprache. Dabei erliegen wir jedoch immer wieder der Illusion, daß wir unsere „innere Landkarte" mit dem Territorium, d. h. mit der realen äußeren Welt und den inneren Wirklichkeitskonstruktionen unserer Mitmenschen, gleichsetzen. Das wäre jedoch nur dann möglich, wenn dieselben Worte bei allen Menschen dieselben Bilder, Bedeutungsgebungen und Gefühle auslösen würden. Wir müssen uns jedoch darüber im klaren sein, daß dasselbe Wort für unterschiedliche Menschen in der Regel sehr unterschiedliche Bedeutungen haben kann.
Wir stimmen in diesem Zusammenhang voll den Ausführungen Nagels u. a. zu:

„Nehmen Sie z. B. das Wort „lieben" in einem Satz wie „Ich liebe Dich sehr, John." Kaum jemand würde nachfragen, was mit dem Wort Liebe gemeint ist. Fragen Sie aber 100 Menschen, was Liebe für sie bedeutet, würden Sie 100 verschiedene Beschreibungen und Definitionen erhalten. Und sie würden nicht nur verschiedene Definitionen bekommen, sondern herausfinden, daß der Bezugsrahmen der Befragten ebenfalls differiert. Einige Leute beziehen das Wort auf sich und beschreiben Liebe so, wie sie selbst lieben. Vielleicht beschreiben sie ihre persönlichen Eigenschaften, wenn sie verliebt sind. Andere nennen die Dinge, die der andere tun müßte, oder die Eigenschaften, die er haben müßte, damit sie sich geliebt wissen.

Der Mensch befindet sich in einer paradoxen Situation, da er mittels der Sprache kommuniziert: Einerseits erliegen wir der Illusion, daß wir wissen, was die Worte bedeuten, die andere zu uns sagen. Damit ist ein fundamentaler Bezugsrahmen vorhanden, so daß wir Gedanken austauschen können, ohne daß die Bedeutung jedes Wortes erklärt werden müßte. Andererseits bedenken wir nicht, daß wir bestimmten Worten eine spezifische, persönliche Bedeutung zuweisen. Dazu gibt es Hunderte von Wörtern, die mehrdeutig sind. Um ein spezielles Wort zu verstehen, müssen wir den dazugehörigen Kontext kennen" (Nagel u.a. 1989, S. 159).

Und weiter:

„Unsere Kultur vermittelt uns implizit, daß Sprache auf klare, eindeutige Weise Ideen und Fakten darstellen kann. Es gibt wahrscheinlich in keinem anderen Bereich eine derart unkritische Übereinkunft unter den Menschen, wie wenn es um das Verständnis von Sprache geht. Wir sind uns unausgesprochen einig, daß wir wissen, was jedes einzelne Wort für jeden bedeutet" (Nagel u.a. 1989, S. 158).

Weil also im beratenden Gespräch sprachliche Kommunikation das zentrale Medium darstellt, und dieses Medium sehr unklar und mehrdeutig ist, werden wir im folgenden die häufigsten sprachlich unklaren Kommunikationsformen vorstellen und dazu hilfreiche klärende Fragebeispiele liefern.

a) Nominalisierungen

Hier werden konkrete aktive Prozesse und Interaktionen in abstrakte Substantive verwandelt. Der der Veränderung unterworfene Prozeß wird sozusagen zementiert, zu einem statischen, unveränderlichen und schwer beeinflußbaren Etikett.

Beispiel 1 (Nagel u.a. 1989, S. 161):
Schüler: „Ich bin ein Versager."
Lehrer: „Wie hast du versagt?"
Schüler: „In Mathe, ich kann mir das Einmaleins nicht merken."

Vorschlag zur Klärung: Verwandeln Sie das Substantiv in ein Verb zurück! Fragen Sie mit „wie" oder „was"!

Begründung: Beachten Sie, daß der Schüler jetzt die Schwierigkeit genau beschreibt. Durch die Frage wurde das generelle Versagen auf ein konkretes Gebiet eingeengt. Damit haben Sie auch eine wichtige Information über das Glaubenssystem des Schülers bezüglich Mathematik. Zweitens wissen Sie jetzt, wo genau der Schüler hängt, und Sie können ihm bei seinem speziellen Problem helfen."

Beispiel 2:
Eine Mutter: „Zwischen meinem Mann und meinem Sohn besteht ein gespanntes Verhältnis."
Lehrer: „An welchen Verhaltensweisen Ihres Mannes und Ihres Sohnes merken Sie konkret, daß die beiden ein gespanntes Verhältnis haben?"

Beispiel 3:
Kollegin A: „Martin zeigt im Unterricht Verhaltensauffälligkeiten."
Lehrer: „Was genau muß Martin im Unterricht tun, damit Sie ihn als verhaltensauffällig bezeichnen?"

b) Generalisierungen (unzulässige Verallgemeinerungen)

Hier werden Wahrnehmungen und Erlebnisse des Gesprächspartners als allgemeingültig betrachtet, und es kann dadurch zu einer Verzerrung des Weltbildes kommen. Häufig verwendete Wörter sind: Alle, immer, jedesmal, nie, usw.

Beispiel 1:
Schüler: „Alle Lehrer mögen mich nicht."
Lehrer: „Gab es irgendwann einmal einen Lehrer, der dich gemocht hat?"

Beispiel 2:
Schüler: „Alle in der Klasse ärgern mich."
Lehrer: „Wann ist es in den letzten Monaten mal vorgekommen, daß jemand aus deiner Klasse mit dir gespielt hat, ohne dich zu ärgern?"

c) Tilgungen (fehlender Bezugsindex)

Hier werden sozusagen vom Gesprächspartner die handelnden Subjekte weggelassen, stattdessen werden bestimmte Pronomen wie er, sie, es, jene, diese, manche usw. eingesetzt.

Beispiel 1:
Schüler: „In unserer Familie streiten sie viel."
Lehrer: „Wer genau mit wem in deiner Familie streitet viel?"

Beispiel 2 (Nagel u. a., 1989, S. 162):
Schüler: „Weil sie mich so behandeln, versage ich."
Lehrer: „Wer genau behandelt dich so, daß du versagst?"

d) Unvollständig spezifizierte Verben

Ein derartiges Verb beschreibt ein Ergebnis nur ungenau, das Wie, Wann und Wo einer Aktion bleibt unklar. Der Zuhörer ist gezwungen, die Bedeutung aus seinem Modell der Welt beizutragen. Dies kann mißverständlich sein.

Beispiel 1:
Schüler: „Jimmy beachtet mich nicht."
Lehrer: „Wie genau beachtet der dich nicht?"
Schüler: „Er geht aus dem Zimmer und wartet nicht auf mich."

Begründung: Die Befragung ergibt eine detaillierte Beschreibung. Es ist interessant, wie Informationen dieser Art dazu dienen, das Gedankenlesen und andere Kommunikationsprobleme einzuschränken.

Beispiel 2:
Schüler: „Martha ärgert mich."
Lehrer: „Wie ärgert dich Martha?"
Schüler: „Sie holt sich meine Unterlagen, und gibt sie mir nicht zurück."

Vorschlag zur Klärung: Wie...? Was...? Wann...?
Begründung: Hätte der Lehrer nicht nachgefragt, hätte er ärgern auf seine Weise interpretiert. Ärgern kann sowohl eine verbale als auch eine physische Interaktion sein" (Nagel u. a. 1989, S. 163).
Die oben erwähnten unklaren Kommunikationsformen mit den dazu gehörenden Klärungsfragen sollen es dem beratenden Lehrer erleichtern, die jeweils individuelle Wirklichkeitskonstruktion des Gesprächspartners nachzuvollziehen und nicht in naiver Weise sein eigenes Weltbild auf seinen Gesprächspartner zu übertragen, oder anzufangen, „Gedanken zu lesen".

4.2 Handlungsalternativen provozieren durch hypothetisches Fragen

Indem der Lehrer eine Handlungsalternative, eine neue oder andere Wirklichkeitskonstruktion in eine hypothetische Frage kleidet, kann er es dem Gesprächspartner erleichtern, sich gedanklich mit neuen und eventuell nützlicheren Wirklichkeitskonstruktionen zu befassen. Damit wären sozusagen die ersten Schritte für Verhaltens- und Bedeutungsänderungen vorgebahnt.

Beispiele:

„Angenommen, Ihr Sohn wird in fünf, in zehn Jahren immer noch sein Symptom XY zeigen, was könnte dann Ihrer Phantasie nach schlimmstenfalls eintreten?"
„Nehmen wir einmal an, Ihr Sohn würde gar nicht mehr das Symptom XY zeigen, was wäre dann in Ihrer Familie anders, was würde fehlen?"
„Gesetzt den Fall, Ihre (überforderte) Tochter würde nach dem Wechsel aufs Gymnasium die Überforderungssymptome XY zeigen, wann wäre dann der Zeitpunkt gekommen, daß Sie Ihre Entscheidung als verantwortliche Eltern korrigieren?"
„Wenn Ihr Sohn seine Symptome XY nicht mehr zeigen würde, wer würde es in der Familie am ehesten merken?"

„Philipp, wenn du dir hier mit diesem Zauberstab drei Wünsche herbeizaubern könntest, damit es dir in der Schule besser geht, was würdest du dir wünschen?"
„Nehmen wir an, Sie würden jetzt schon tatsächlich damit beginnen, in Ihrem Erziehungsverhalten xy zu tun (z. B. mehr Konsequenz zu zeigen), wie würde darauf Ihr Sohn (Ihr Mann, Ihre Frau) reagieren?"
„Stellen Sie sich vor, Sie würden vier Wochen lang in Ihrer Familie das Wort ‚Schule' und alles, was damit zusammenhängt, gar nicht mehr erwähnen, was würde mit Ihrer Tochter (Mann, Frau...) passieren?"
usw.

4.3 Positives Umformulieren

Der beratende Lehrer arbeitet gemeinsam mit dem Gesprächspartner die positiven Seiten bzw. Funktionen des Symptoms heraus. Damit werden die Beziehungskräfte in der Familie und in der Schule deutlich, die zur Entstehung bzw. Aufrechterhaltung des Schulproblems beitragen. Lediglich Symptome, die ihren Ursprung in kognitiven Einschränkungen (z. B. Teilleistungsschwäche oder Begabungsmängel) des Problemschülers haben, weisen keine indirekt positiven Seiten auf.
Beispiel: Ein Schüler, der sich bei den Hausaufgaben trotz ausreichender Intelligenz hilflos stellt, kann die Muter und den Vater zum Helfen und damit zu Aufmerksamkeit und Kontakt zwingen.
Die positive Umformulierung des beratenden Lehrers (nicht ironisch!)

könnte in diesem Fall lauten: „Also Martin, du hast es ja tatsächlich geschafft, deine Mutter jeden Nachmittag zwei Stunden lang zum Kontakt mit dir zu zwingen. Gibt es etwas, was ihr beide noch lieber miteinander tun würdet, als zusammen Hausaufgaben zu machen?"

Ebenso kann der Vater, der, beruflich bedingt, wenig Zeit in der Familie verbringt, wieder stärker durch die Schulschwierigkeiten in der Familie eingebunden werden. Ihm kann von Mutter und Kind signalisiert werden, daß er „in der Familie gebraucht wird".

Die Mutter, die eigentlich darunter leidet, daß sie so wenig Kontakt zum Vater hat, kann über die Schulschwierigkeiten einen verstärkten „Ersatzkontakt" zum Sohn herstellen.

Der Sohn, der sich hilflos und passiv stellt, schafft es, andere für ihn zum Arbeiten zu bringen. In so einem Fall kann der beratende Lehrer die Metapher die „Sänfte" einsetzen und den Sohn und die Eltern ausführlich beschreiben lassen, wie es sich der Sohn in der Sänfte bequem macht und auf welche Art und Weise im übertragenen Sinne die Eltern den Sohn in der Sänfte tragen, indem sie alle Anforderungen von ihm fernhalten.

Wichtige Anmerkung: Positive Umformulierungen sind nur dann sinnvoll, wenn der beratende Lehrer zuvor gemeinsam mit dem Problemschüler bzw. seiner Familie die Funktionalität des Symptoms für den Problemschüler bzw. dessen Familienangehörige herausgearbeitet hat.

Außerdem werden positive Umformulierungen nur dann wirksam, wenn der beratende Lehrer sie mit Ernsthaftigkeit und innerer Überzeugung vorträgt und nicht in ironischer oder abwertender Form.

Übung zum positiven Umformulieren:

a) Suchen Sie sich einige interessierte Kollegen oder Kolleginnen, und setzen Sie sich mit diesen kreisförmig zusammen! Nun berichtet jeder Teilnehmer reihum in Stichworten ein nicht allzu tief gehendes persönliches Problem oder schildert ein lästiges Symptom (z. B. zu viel essen, zu viel arbeiten, sich zu viel gefallen lassen usw.). Die übrigen Teilnehmer versuchen durch Zuruf die postiven Seiten und möglichen Funktionen des Problems zu betonen. Sobald der Teilnehmer, der das Problem oder Symptom geschildert hat, eine der positiven Umformulierungen annehmen kann, sagt er „Halt!", und der nächste Teilnehmer ist an der Reihe.

b) Eine Variante der eben geschilderten Umformulierungsübung stellt folgendes Spiel dar, das auch mit Schülerinnen und Schülern durchgeführt werden kann: Die Teilnehmer sitzen wieder im Kreis, und jeder schreibt auf einen kleinen Zettel ein Symptom oder Problem, das er oder sie gerne los haben möchte. Die Zettel werden wie Lose zusammengefaltet, so daß von außen nicht erkennbar ist, wer der Verfasser ist, und dann werden sie in einen Zylinder o. ä. geworfen und kräftig durchgemischt. Nun zieht reihum jeder Teilnehmer einen der Zettel heraus (wenn er seinen eigenen zieht, muß er ihn wieder zurückwerfen und einen neuen ziehen) und versucht das jeweils auf dem Zettel dargestellte Problem oder Symptom so „schmackhaft" positiv umzuformulieren, bis ein anderer Teilnehmer bereit ist, es ihm „abzukaufen".

Diese Übung schult den Blick für die Wahrnehmung der positiven Rückseite eines vordergründig nur negativen Symptoms. Es geht um die Erkenntnis des „Guten vom Schlechten".

4.4 „Geschichten" erzählen

Der beratende Lehrer erzählt scheinbar beiläufig dem Gesprächspartner eine Geschichte, in der in einem ähnlich gelagerten Fall das Problem des Gesprächspartners sowie konstruktive Lösungsansätze zur Bewältigung des Problems enthalten sind.
Anschließend kann er noch einschränkend hinzufügen: „Aber das kann ja bei Ihnen/dir ganz anders sein."
Damit werden Suchprozesse des Unbewußten des Gesprächspartners ausgelöst, die nach Gemeinsamkeiten und Unterschieden zwischen seinem Problem und dem in der „Geschichte" dargestellten forschen.
Im Gegensatz zu einer direkten Anweisung nach dem Motto: „Tu dies oder mach jenes!" werden mit dieser indirekten Methode Widerstände erst gar nicht aufgebaut bzw. elegant umgangen.

4.5 Distanzierung vom Problem

Das Problem wird in einen metaphorischen Gegenstand, z. B. einen Stein, einen Rucksack oder ein unsichtbares zusätzliches Familienmitglied verwandelt. Diese „Nachaußenverlagerung" ermöglicht dem Schüler eine klarere und distanziertere Problemsicht. Außerdem gerät er durch dieses Manöver weniger leicht in eine Streßsituation, in der alle Anwesenden auf ihm und seinem Problem herumhacken.
Nahezu alle der oben aufgeführten Fragearten können dann zu dem in eine Metapher verwandelten Problem gestellt werden. Diese Methode verwirklicht das Motto: „Die Lösung des Problems ist oft die Lösung *vom* Problem."

Dazu ein Beispiel: Es geht um die „Faulheit" des Problemschülers Boris. Der beratende Lehrer fragt die anwesenden Eltern und Boris, wie sie diese Faulheit bezeichnen würden, wenn sie ein zusätzliches unsichtbares viertes Familienmitglied wäre. Die Wahl der Familie fällt einstimmig auf „Null-Bock". Der beratende Lehrer schreibt daraufhin auf ein DIN-A-4-Pappschild „Null-Bock", läßt diese Figur von allen Familienmitgliedern beschreiben (Alter, zu welchem Zeitpunkt ist es in der Familie aufgetaucht, Geschlecht, Aussehen usw.) und fragt jeden, wo der Null-Bock (das Pappschild) sitzen würde: Näher bei der Mutter, dem Vater, bei Boris oder außerhalb des Kreises Familie – beratender Lehrer. – Welche symbolische Nahrung erhält der „Null-Bock"?

– Was muß jeder in der Familie tun, damit er noch fetter oder wieder dünner wird?
– Wer geht wie mit dem Null-Bock um? – Wen stört er am meisten, wen am wenigsten in der Familie? – Wie viele Monate, Jahre wird er noch in der Familie leben?
– Wem wird er am meisten, wem am wenigsten fehlen, wenn er eines Tages aus der Familie verschwindet, usw.?

Wer einige Beratungsgespräche mit einzelnen Problemschülern oder Familien mit Hilfe dieser Methode geführt hat, wird feststellen, wie rasch sich eine schwere und gedrückte Stimmung in eine leichte und humorvolle verwandeln kann, in der auch ein herzhaftes Lachen aller Beteiligten nichts Ungewöhnliches darstellt. Immer noch hält sich hartnäckig in den Köpfen vieler Laien und auch professioneller Helfer die Vorstellung, daß Probleme nur dadurch gelöst werden, indem man sie in einer bleischweren Stimmung und mit einem tiefen Bierernst angeht.

4.6 Splitting-Methode und Wetten

Splitting (Aufspalten)-Methode heißt, daß der beratende Lehrer im labilen Gleichgewichtszustand zwischen Beharrung und Veränderung beide Seiten, d. h. die Widerstands- und die Veränderungseite, in seiner Person vereint und damit weniger Gefahr läuft, den Problemschüler (bzw. seine Eltern) durch einen starken Veränderungsdruck aus Trotz in den Widerstand zu treiben.

Beispiel (beratender Lehrer): „Ein Teil in meinem Inneren sagt mir, Boris, daß du jetzt schon anfangen könntest, XY zu tun". (Positive Veränderungsschritte, z. B. eigenverantwortlich jeden Nachmittag eine

Stunde zu lernen.) Ein anderer Teil in mir sagt, daß du noch nicht so weit bist, die Verantwortung eines Fünfzehnjährigen zu übernehmen, usw." Die Splitting-Methode läßt sich gut mit dem Wetten verbinden. Eine mögliche Wette im Anschluß an das oben aufgeführte Beispiel könnte wie folgt lauten: „Mein optimistischer Teil, daß du als fünfzehnjähriger Fünzehnjähriger anfangen könntest zu lernen, und mein pessimistischer Teil, daß du weiterhin als unselbständiger siebenjähriger Fünfzehnjähriger noch nicht in der Lage bist, selbständig zu lernen, halten sich die Waage. Ich weiß nicht, welche Seite von beiden gewinnen wird. Ich wette aber gerne. Sollen wir eine Wette abschließen, daß du bis zum nächsten Gespräch in ... Wochen noch keine konkreten Schritte (im einzelnen genau aufzählen) unternommen hast, eigenverantwortlich für dein Lernen zu sorgen?

Wenn du gewinnst, können deine Eltern mit dir gemeinsam XY (für den Problemschüler und seine Eltern angenehme Aktivitäten) unternehmen. Wenn ich gewinne, mußt du noch xmal zu mir zu Beratungsgesprächen kommen ... und müssen deine Eltern für einen siebenjährigen Fünfzehnjährigen die volle Verantwortung übernehmen und ihn jeden Nachmittag (bestimmte Zeit angeben) zum Lernen zwingen usw."

Eine Variante der Splitting-Methode besteht darin, einen imaginären „Spezialisten" für die dargebotene Problematik angeblich mit hinzugezogen zu haben.

Beispiel (beratender Lehrer): „Letzte Woche habe ich mich mit einem Kollegen unterhalten, der Spezialist für Fälle chronischer Faulheit ist und der meinte, in deinem Fall sei es noch zu früh, jetzt schon damit anzufangen, deine vorhandenen Fähigkeiten zum Lernen sinnvoll einzusetzen; ich allerdings denke, du könntest jetzt schon damit anfangen ..."

4.7 Eine Party geben zur Feier der erfolgreichen Veränderung

Eine gute Methode, um die positiven Ressourcen des Problemschülers bzw. seiner Eltern zu mobilisieren, stellt eine imaginäre Party nach Abschluß der erfolgreichen Veränderung dar. Dabei wird die erfolgreiche Lösung des Problems sozusagen rückblickend aus der Zukunft betrachtet.

Beispiel (beratender Lehrer): „Sabine, stell dir vor, du gibst eine Riesenparty, um mit deinen Freundinnen und Freunden das erfolgreiche Bestehen deines Abiturs (Hauptschulabschlusses, der Mittleren Reife o. ä.) zu feiern.

Einige aus deiner Clique stellen dir Fragen, wie du es geschafft hast, wo es doch noch xy Jahre vorher so aussah, als ob du nie so weit kommen würdest. Was würdest du ihnen antworten? Was, ganz konkret, hast du angefangen zu verändern, wie sah deine Strategie aus, was würdest du andern Schülern und Schülerinnen in einer ähnlichen Situation empfehlen?"

4.8 Einbahnstraße

Für überkontrollierende Eltern, die Erfahrungen sammeln wollen mit einer größeren Selbständigkeit ihres Kindes beim Erledigen der Schularbeiten, kann das Einbahnstraßenexperiment empfohlen werden.

Beispiel (beratender Lehrer): „Nachdem Sie sich nun schon so lange und so intensiv täglich um die Hausaufgaben Ihres Sohnes/Ihrer Tochter ohne die erwünschten Erfolge bemüht haben, und das Thema ‚Schule' zum beherrschenden Mittelpunkt all Ihrer Familiengespräche geworden ist, wären Sie bereit etwas Neues auszuprobieren, ein Experiment durchzuführen?"

(Falls die Eltern dazu bereit sind.) „Bis zu unserem nächsten Gespräch (in ein, zwei, drei, vier Wochen) erhalten Sie als Eltern die Aufgabe, von sich aus das Thema Schule (und alles, was damit zusammenhängt, wie Hausaufgaben, Noten der Klassenarbeiten usw.) nicht anzusprechen. Lediglich Ihr Sohn/Ihre Tochter kann von sich aus mit dem Thema Schule auf Sie zukommen, wenn er/sie Ihnen über Klassenarbeiten berichten will, oder seine/ihre Hausaufgabe zur Durchsicht vorlegt." Daher der Name Einbahnstraße.

Wichtig ist auch, daß die entsprechenden Fachlehrer in das Experiment eingeweiht werden.

Wer in der Familie kontrolliert die Einhaltung des Experiments? Wer protokolliert die Menge und Qualität der vom Sohn/der Tochter selbständig erledigten Hausaufgaben?

Wer hält Kontakt zu den betreffenden Fachlehrern?

Wenn das Experiment positiv ausgegangen ist, d. h., der Problemschüler mindestens mit gleichem bzw. besserem Erfolg seine Hausaufgaben erledigt hat, kann im nächsten Beratungsgespräch eine Verlängerung des Experiments vereinbart werden.

Falls sich kein Erfolg einstellt, d. h., der Problemschüler noch nicht in der Lage ist, eigenverantwortlich zu lernen, kann den Eltern ein Programm zur häuslichen Lernförderung (s. Keller 1984 und 1986) empfohlen werden, das den Problemschüler dazu bewegen soll, unter behutsamer Aufsicht der Eltern, verschiedene Lernbereiche schrittweise selbständiger zu bearbeiten.

4.9 Gerade und ungerade Tage

Diese Methode empfiehlt sich für Eltern, die in ihrem Erziehungsverhalten dem Problemschüler gegenüber uneinig sind. Häufig verbirgt sich unter unterschiedlichen Erziehungsvorstellungen und Handlungen der Eltern ein verdeckter Paarkonflikt, den sie sich aber selber nicht trauen offen anzusprechen, geschweige denn, sich dem beratenden Lehrer zu offenbaren. (Damit wäre dieser auch überfordert.)

Hier kann der beratende Lehrer mit den Eltern vereinbaren, daß z. B. der Vater an den geraden Tagen (Dienstag, Donnerstag, Samstag), die Mutter an den ungeraden Tagen (Montag, Mittwoch, Freitag) die Erziehungsverantwortung, z. B. das Thema Schule betreffend, alleine übernimmt. Am Sonntag sind dann beide gemeinsam zuständig.

Der jeweils nicht beteiligte Elternteil muß sich dabei absolut mit irgendwelchen Erziehungseinmischungen heraushalten.

Dadurch wird für den Problemschüler die widersprüchliche und chaotische Situation des „Gegeneinander" und „Durcheinander-Erziehens" etwas entzerrter und er wird weniger leicht in Versuchung geraten, die uneinigen Eltern gegeneinander auszuspielen.

Die Eltern wiederum werden eher gezwungen, sich aus der Distanz heraus mit dem eigenen Erziehungsverhalten und mit dem des Partners bewußter auseinanderzusetzen und sich der Frage zu stellen, ob beide Eltern Schritte unternehmen wollen in Richtung auf mehr Erziehungsgemeinsamkeit. Für manche Eltern wird dadurch auch der Boden vorbereitet, ihren verdeckt ablaufenden Paarkonflikt direkter und offener auszutragen, statt ihn über den Problemschüler umzuleiten.

4.10 Konfrontieren und Provozieren („Des Teufels Advokat spielen")

Diese mit viel Vorsicht und viel Fingerspitzengefühl (s. u) anzuwendende Methode ist für den erfahrenen beratenden Lehrer dann angebracht, wenn alle anderen vorher ausgeführten Methoden nicht greifen und wenn es sich um einen besonders hartnäckigen im Widerstand befindlichen pubertierenden Problemschüler handelt, der gerade dabei ist, seine Schul- oder Lebenskarriere zu gefährden.

In diesen Fällen haben sich schon Eltern und andere Kollegen „die Zähne ausgebissen" mit „gutem Zureden".

Obwohl solche Schüler von der Problematik her eigentlich typische Fälle für eine Beratung oder Therapie in einer außerschulischen Beratungsinstitution sind, sind sie in der Regel nicht dazu zu bewegen, eine solche Institution aufzusuchen. Von daher ist oft der Klassenlehrer einer der wenigen Ansprechpartner, die noch einen gewissen Einfluß auf ihn haben.

Ich habe in solchen Fällen gute Erfahrungen mit einer sogenannten „Sorgen-Menü-Karte" gemacht, das sind vier auf einer Wandzeitung aufgeschriebenen Methoden, destruktiv mit sich selber umzugehen.

Sie sieht wie folgt aus:

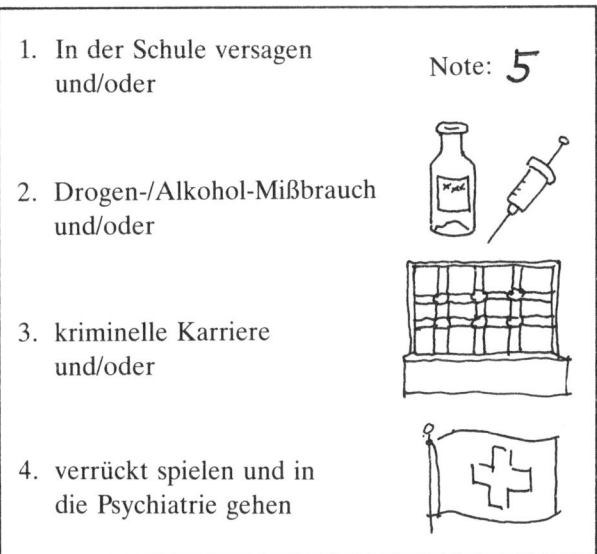

Abb. 18: „Sorgen-Menü-Karte" bzw. Anleitung, sein Leben erfolgreich zu verpfuschen

Während ich gemeinsam mit dem Problemschüler die „Menü-Karte" durchspreche und mit ihm überlege, welche der „Sorgen-Menüs" er einzeln oder kombiniert schon zu sich nimmt bzw. Gefahr läuft zu sich zu nehmen, teile ich ihm ununterbrochen verbal und nonverbal mit, wie sehr er mir leid tut, daß er so brutal mit sich selber umgeht.

Unabdingbare Voraussetzung bei diesem Vorgehen ist, daß ich ununterbrochen in einem guten Rapport (Kontakt) mit dem Problemschüler bin, aus einer mit ihm solidarischen Grundhaltung handle und nicht zynisch oder abwertend werde.

Weitere konfrontierende oder provozierende Fragebeispiele:

„Was würde (wem) fehlen, wenn das Symptom xy nicht mehr da wäre?"
„Kannst du mir Tips und Hinweise für andere interessierte Schüler geben, wie man möglichst rasch und sicher ohne Abschluß von der Schule geht (fliegt)?" Die meisten Schüler werden daraufhin anfangen mehr oder weniger heftig dem zu widersprechen, wobei dann der beratende Lehrer weiterhin Skepsis an den Tag legen kann.
„Was mußt du bzw. müssen andere tun, damit du noch mehr das Symptom xy zeigst?"

Eine wichtige Anmerkung: Konfrontieren bzw. provozieren ist nur dann konstruktiv und heilsam wirkend, wenn Kontakt und Beziehung zwischen dem beratenden Lehrer und dem Problemschüler tragfähig sind und die Provokation bzw. Konfrontation aus einer respektvollen und solidarischen Grundhaltung dem Problemschüler gegenüber erfolgen.
Wer sich als beratender Lehrer nicht sicher oder erfahren genug fühlt, heilsam mit dieser Methode zu arbeiten, sollte lieber zunächst einmal von ihr Abstand nehmen.

5 Dritter Stock: Struktur und Phasen des Beratungsgesprächs in Stichworten

a) Vorklärung

- Einschätzung, ob Kompetenz des beratenden Lehrers ausreichend für die Problematik ist, oder ob eine Weiterverweisung an Fachkräfte (Beratungslehrer, Schulpsychologen, außerschulische Beratungsstelle) angeraten erscheint.
- Terminabsprache bzw. Vorkontakt in schriftlicher, persönlicher oder telefonischer Form. Dabei ist die innere Haltung des beratenden Lehrers, aus der heraus er handelt, sehr wichtig: Der beratende Lehrer stellt seine kostbare Zeit und seine Kompetenz zur Verfügung. Aus dieser Haltung heraus vereinbart er einen Gesprächstermin. Er agiert aus der Haltung des Anbieters und nicht aus der des „Bettlers", der froh ist, wenn ihm die Eltern oder der Problemschüler die Gnade eines Gesprächstermins zuteil werden lassen.

b) Begrüßung

Der Gesprächspartner wird vom beratenden Lehrer vertraut gemacht mit
- dem Beratungszimmer und seinen Sitzgelegenheiten,
- der zur Verfügung stehenden Zeit (ohne Störungen durch Telefonate oder in den Raum kommende dritte Personen),
- dem vereinbarten Gesprächsanlaß.

c) Anwärmphase

- Kontakt zwischen Gesprächspartner und beratendem Lehrer über die familiäre Lebenssituation des Gesprächspartner aufbauen (nonverbale und verbale Ebene):
  Wer gehört alles zur Familie?
  Wohnsituation (z. B hat der Problemschüler ein eigenes Zimmer?)

Berufstätigkeit der Eltern, in diesem Zusammenhang wichtig: Ist ein Elternteil zeitlich viel von der Familie abwesend?
Wer von den Eltern ist zuständig für die Bereiche Schule und Hausaufgaben usw.?
Außerdem ist die Klärung der Erwartungen des Gesprächspartners an das Beratungsgespräch wichtig.

d) Problemdefinitionsphase

Problembeschreibung und Sichtweise der Eltern, des Problemschülers selbst, der unterrichtenden Lehrer und Lehrerinnen.
- Bisheriger Umgang mit dem Problem?
- Lösungsversuche des Problems (Nachhilfe, Aufsuchen des Kinderarztes usw.)?
- Konkretisierung des Problems: Seit wann, in welcher Ausprägung, in welchen Situationen, mit welchen Beteiligten existiert das Problem?
- Schwankungen in der Ausprägung des Problems?
- Fragen nach der Auslösesituation bzw. Erklärungen für das Entstehen des Problems.

e) Problemsichterweiterung

Andere, bzw. benachbarte Probleme
- beteiligte Personen,
- positive Seiten des Problems (siehe oben)
- Ressourcen des Problemschülers, d. h. positive Bereiche und Stärken,
- hypothetische Fragen und Zukunftsfragen,

– Konsequenzen bei Weiterbestehen (Nichtveränderung oder Verschärfung des Problems usw.).

Methode:
Beziehungsfragen sowie die Methoden des Zweiten Stockwerks.

f) Zieldefinitionen

Erst die Konkretheit der Zielbestimmung erreichen, also keine vagen Formulierungen wie „Er soll sich in der Schule wohler fühlen", oder „Sie soll in der Schule besser werden" u. ä., sondern ganz konkrete Änderungswünsche und Strategien: Wer, was, wie, in welchem Zeitraum soll sich verändern?

g) Kontrakt

Inhaltlich: Was werden die Eltern, der Problemschüler unternehmen?
Beispiele:
– Veränderung der Eltern-Kind-Interaktion beim Erledigen der Hausaufgaben,
– Nachhilfe,
– Lerntraining,
– Beginn einer Beratung/Therapie in einer außerschulischen Institution usw.

Formal: Wann, wo und mit wem findet das nächste Beratungsgespräch statt?

h) Verabschiedung

Der beratende Lehrer kann in einem Schlußkommentar die wichtigsten Ergebnisse des Beratungsgesprächs zusammenfassen.

6 Dachgeschoß: Institutioneller Rahmen und Kontext des Beratungsgesprächs

Wird den Rahmenbedingungen des Beratungsgesprächs zu wenig Beachtung geschenkt, ist die Gefahr groß, daß es trotz aller methodischer Kompetenz des beratenden Lehrers für alle Beteiligten sehr unbefriedigend verlaufen kann.

Folgende Faktoren und Prozesse sollte der beratende Lehrer berücksichtigen:

a) Abklärung der Zuständigkeit bzw. Kompetenz des beratenden Lehrers (s. o.).

b) Motivation bzw. Anstoß für das Beratungsgespräch

Geht der Anstoß für das Beratungsgespräch vom Lehrer aus, muß er deutlich machen, daß es in erster Linie im Interesse des Problemschülers bzw. seiner Eltern stattfindet und erst in zweiter Linie aus dem pädagogischen Interesse des Lehrers heraus.

c) Handelt es sich um ein freiwilliges Beratungsgespräch, ohne damit verbundenen Sanktionen oder um ein institutionalisiertes Gespräch mit Sanktionscharakter wie beispielsweise ein Elterngespräch im Zusammenhang mit der Sonderschulüberprüfung des Problemschülers? In diesem Falle ist mit massiven Widerständen der oder des Gesprächspartners zu rechnen.

d) Hintergrund für das Beratungsgespräch

- Diagnostisches Gespräch zur Erhellung des individuellen familiären Hintergrundes des Problemschülers,
- Problemklärungsgespräch zur Erarbeitung verschiedener Problemlösungsansätze,
- strukturiertes Gespräch zur Informationsvermittlung anläßlich einer Schullaufbahnentscheidung oder Fächerwahl u. ä.

e) Bereits vorhandene Beziehung beratender Lehrer – Gesprächspartner:

Je schwächer oder belasteter die vor dem Beratungsgespräch existierende beratende Lehrer-Gesprächspartner-Beziehung ist, desto mehr muß der beratende Lehrer im Gesprächsverlauf Wert auf einen tragfähigen Rapport (verbal und nonverbal) zum Gesprächspartner legen.

f) Klärung der Setting-Frage, d. h., welche am Problem beteiligten oder vom Problem betroffenen Personen werden zum Beratungsgespräch eingeladen, also z. B.

- Problemschüler allein (nur bei älteren Schülern empfehlenswert),
- Problemschüler und ein Elternteil bzw. beide Elternteile,
- Problemschüler, Eltern und Fachlehrer,
- Problemschüler, Eltern und Vertreter anderer Institutionen (z. B. Jugendamtsmitarbeiter, Beratungslehrer, Schulpsychologen).

g) Gestaltung einer äußeren positiven Situation

- Gestaltung einer angenehmen räumlichen Atmosphäre (Elternsprechzimmer besser als Klassenzimmer),
- ausreichender zeitlicher Rahmen, je nach Gesprächsanlaß zwischen mindestens 20 und maximal 50 Minuten,
- verhindern äußerer Störungen (Telefonate, fremde Personen die das Beratungszimmer betreten usw.),
- Zusicherung der Verschwiegenheit über die Gesprächsinhalte.

7 Wodurch ist ein gutgemeintes, aber wenig hilfreiches alltägliches Problemgespräch gekennzeichnet?

Wenn uns jemand über seine Sorgen berichtet oder ein momentanes Problem erzählt, dann sind wir dazu geneigt, ganz „normal" zu reagieren: Wir versuchen unseren Gesprächspartner zu trösten, fragen ihn, wie es überhaupt dazu gekommen ist, geben ihm einen gutgemeinten Rat oder lesen ihm auch mal ordentlich die Leviten, indem wir sein Verhalten beurteilen und interpretieren. Trotz unserer vielleicht guten Absichten erreichen wir damit, daß sich unser Gesprächspartner abgeurteilt, ertappt, als kleines Kind behandelt vorkommt, daß er sich nicht ernstgenommen und nicht verstanden fühlt und schließlich lieber ganz aufhört zu reden.

Dieses geschilderte Gesprächsverhalten liegt uns so nahe, weil wir selbst meist jahrelang damit konfrontiert wurden: Die Eltern trösteten uns, sagten, was wir tun sollten; der Lehrer forschte nach, beurteilte und interpretierte unser Handeln.

Verhaltensweisen des Beraters/Lehrers, die den Gesprächsverlauf hemmen (aus: Weber 1974, S. 32 ff.):

- Dirigieren: d. h. Ratschläge, Mahnungen oder Befehle aussprechen, fertige Lösungen vorlegen, zu Überredung und Manipulation greifen.
- Debattieren: d. h. Streitgespräche führen, rechthaberisch den eigenen Standpunkt vertreten (oft wird hier die Redewendung benützt „Ja, aber...").
- Dogmatisieren: d. h. Aussagen von unanfragbarer Autorität verbreiten, „Lehrsätze" aus Theologie und Psychologie, „Lebenserfahrung" und „Volksweisheit".
- Diagnostizieren: (in einseitiger Weise), das bedeutet hier: eigenwillig

und subjektiv auslegen, Dinge hineintragen oder herauslesen, die nicht wirklich angesprochen sind.

- Generalisieren: d. h. ein allgemeines Schema anwenden und so die Allgemeinheit gegen das Individuum ausspielen; zu unzulässigen Verallgemeinerungen greifen (z. B. Wörter benützen wie „alles", „immer", „nie").
- Bagatellisieren: d. h. ein Problem oder Gefühl des Gesprächspartners herunterspielen und als geringfügig ansprechen.
- Moralisieren: d. h. negative oder positive Werturteile aussprechen.
- Emigrieren: d. h. innerlich oder äußerlich auswandern und abschalten, abwehren, gleichgültig sein.
- Rationalisieren: d. h. in einseitiger Weise logisch-intellektuell vorgehen und dabei die Gefühlswelt mißachten.
- Projizieren: d. h. eigene Erfahrungen, Gedanken und Gefühle auf den Gesprächspartner übertragen, von subjektiven Erfahrungen auf den anderen schließen.
- Sich identifizieren: (in einseitiger Weise), d. h. in der Welt des Partners aufgehen, die nötige Distanz und Selbstkontrolle verlieren (Helfer-Syndrom).
- Sich fixieren: d. h. sich selber auf bestimmte Rollen festlegen oder sich vom Gesprächspartner eine feste Rolle zuschieben lassen (z. B. die Rolle des „allwissenden Beraters", des „Züngleins an der Waage", der „trostreichen Mutter").
- Abstrahieren: d. h. abstrakt und allgemein reden, wissenschaftliche Fachsprache benützen.
- Examinieren: d. h. ausfragen, zu viel fragen, aushorchen, verhören.

V Anhang

1 Typische Ursachen und Erscheinungsbilder von Schulproblemen

Ursachenbereich:
Persönlichkeit des Schülers

Intellektuelle Überforderung
bzw. Unterforderung
Gestörte Lernmotivation
Fehlende oder falsche Lern-
strategien
Impulsivität
Hirnfunktionsstörungen
Entwicklungsverzögerungen
Entwicklungskrisen

Ursachenbereich:
familiärer Hintergrund

Verwöhnende und über-
behütende Eltern
Von den Kindern versklavte
Eltern
Eltern, die ihre Elternrolle
nicht wahrnehmen
Familien in Krisen
(Trennung, Scheidung)
Über- oder unterfordernde
Eltern
Zuviel oder zuwenig
kulturelle Anregung
Gestörte Beziehung Eltern-
haus – Schule
Sozioökonomische Probleme

Ursachenbereich: Schule

Probleme in der Lehrer-
persönlichkeit
Über- oder Unterforderung
Mangelnde Lernförderung
Divergierende Erziehungs-
stile
Gestörte Lehrer-Schüler-
Beziehung
Gestörte Beziehung
Elternhaus – Schule
Gestörte Beziehung
Schüler – Mitschüler
Schlechtes Schulklima

Probleme im Lern- und
Leistungsbereich

Generelles Leistungs-
versagen
Lese-/Rechtschreib-
schwierigkeiten
Mathematikschwierigkeiten
Fremdsprachen-
schwierigkeiten
Häusliche Motivations-
schwierigkeiten
Schulische Motivations-
schwierigkeiten
Konzentrations-
schwierigkeiten
Graphomotorische
Schwierigkeiten

Probleme im emotionalen
Bereich

Prüfungsangst
Schulangst
Minderwertigkeitsgefühle
Selbstunsicherheit
Depressive Verstimmungen

Probleme im Verhaltens-
bereich

Hyperaktivität
Verbale Aggressivität
Körperliche Aggressivität
Schwätzen
Clownerien
Kontaktstörungen
Schuleschwänzen
Drogen- und Alkohol-
mißbrauch
Sexuelle Devianz
Stehlen

2 Diagnose des familiären Hintergrunds

1. Informationen zum familiären Hintergrund bzw. zur aktuellen Lebenssituation des Kindes mit Schulproblemen, die *vor* dem Elterngespräch erhoben werden können:

- die Klasse allgemein betreffend:
  - äußere Familiensituation
  - soziale Zusammensetzungen
  - unvollständige Familien durch Trennung, Scheidung,Todesfälle, Alleinerziehende

- Informationen zum familiären Hintergrund des Problemschülers, die vorwiegend nur *im* Beratungsgespräch eingeholt werden können:
  - häusliche Lernsituation
  - familiäre Belastungen und Spannungen, hervorgerufen durch:
    a) Trennung/Scheidung/Alleinerziehende/Todesfälle (s. o)
    b) physische Krankheiten eines Familienmitgliedes wie Krebs, Körperbehinderungen, Herz-, Kreislauferkrankungen, usw.
    c) psychische Belastungen wie Alkohol, Depression, Psychosen, Neurosen usw.
    d) Stieffamilien (wiederzusammengesetzte Familien)
    e) Arbeitslosigkeit
    f) ökonomische Belastungen (Hausbau/Schulden)
    g) häufige Abwesenheit eines Elternteils von der Familie (Das Kind versucht über Schulprobleme das Elternteil wieder ‚hineinzuzwingen')

3 Flußdiagramm des Beratungsprozesses – eine kognitive Landkarte

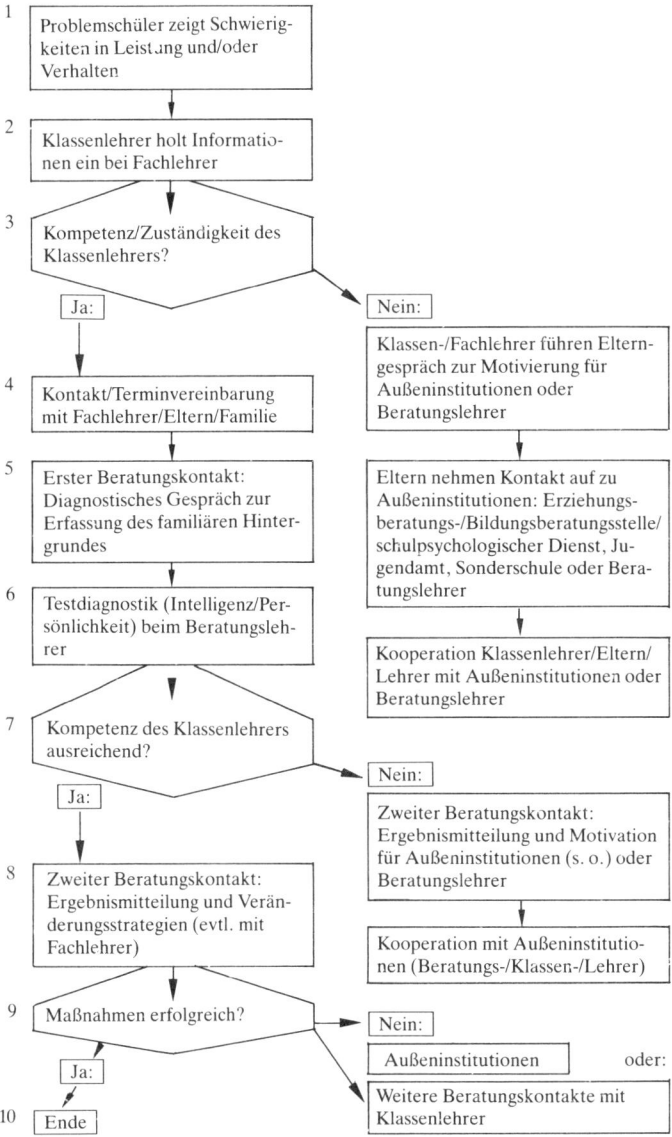

1 Problemschüler zeigt Schwierigkeiten in Leistung und/oder Verhalten

2 Klassenlehrer holt Informationen ein bei Fachlehrer

3 Kompetenz/Zuständigkeit des Klassenlehrers?

Ja:

Nein:

Klassen-/Fachlehrer führen Elterngespräch zur Motivierung für Außeninstitutionen oder Beratungslehrer

4 Kontakt/Terminvereinbarung mit Fachlehrer/Eltern/Familie

5 Erster Beratungskontakt: Diagnostisches Gespräch zur Erfassung des familiären Hintergrundes

Eltern nehmen Kontakt auf zu Außeninstitutionen: Erziehungsberatungs-/Bildungsberatungsstelle/ schulpsychologischer Dienst, Jugendamt, Sonderschule oder Beratungslehrer

6 Testdiagnostik (Intelligenz/Persönlichkeit) beim Beratungslehrer

Kooperation Klassenlehrer/Eltern/ Lehrer mit Außeninstitutionen oder Beratungslehrer

7 Kompetenz des Klassenlehrers ausreichend?

Ja:

Nein:

Zweiter Beratungskontakt: Ergebnismitteilung und Motivation für Außeninstitutionen (s. o.) oder Beratungslehrer

8 Zweiter Beratungskontakt: Ergebnismitteilung und Veränderungsstrategien (evtl. mit Fachlehrer)

Kooperation mit Außeninstitutionen (Beratungs-/Klassen-/Lehrer)

9 Maßnahmen erfolgreich?

Ja:

Nein:

Außeninstitutionen   oder:

Weitere Beratungskontakte mit Klassenlehrer

10 Ende

* Falls die Eltern nicht in der Lage sind, die Elternrolle einzunehmen, erfolgt Elternunterstützung bzw. Elternersatz durch Jugendamt.

Erläuterungen

Zu 1:

Beratungsanlässe können sein:

a) Schulschwierigkeiten (Symptome) im Leistungsbereich und/oder Verhaltens-/Erlebensbereich
b) Informationsfragen (z. B. Übertritt Klasse 4 und Schullaufbahnfragen Sekundarstufe I und II)

Zu 2:

Mögliche Fragen für den Klassenlehrer in diesem Zusammenhang sind:

– Wer ist an der Entstehung und Aufrechterhaltung des Problems/Beratungsanlasses beteiligt?
Problemschüler
Mitschüler/Schulklasse
Problemschüler und Eltern/Familie
Problemschüler und Klassen- bzw. Fachlehrer (Störung der Lehrer-Schüler-Interaktion)
– Welche Maßnahme zur Problemlösung haben
Problemschüler, Eltern, Klassenlehrer, Fachlehrer usw. bereits unternommen, oder:
Ist der Klassenlehrer die erste Anlaufstelle?

Zu 3:

Ist der Klassenlehrer für den Beratungsanlaß zuständig und kompetent, oder fühlt er sich nicht zuständig und überfordert, dann Weiterverweisung an Außeninstitutionen in der Region.
Empfehlenswert: Anlage einer Adressenkartei mit allen relevanten Außeninstitutionen, die mit Kindern und Jugendlichen beraterisch/therapeutisch arbeiten!

Zu 4:

Kontakt- bzw. Terminvereinbarung mit Problemschüler bzw. Eltern, telefonisch, persönlich oder schriftlich.

Settingklärung: Wer soll am ersten Beratungsgespräch teilnehmen?
– Problemschüler allein,
– Problemschüler und ein Elternteil,
– Problemschüler und beide Eltern,

- Problemschüler und die ganze Familie,
- Problemschüler und Ersatzeltern
  (Erzieher, Sozialpädagogen)?

Zu 6:

Testdiagnostik: Intelligenz-, Persönlichkeits-, Schulleistungs- und Lerntests. Während Schulleistungs- und Lerntests (s. Kapitel II) der Klassenlehrer selber durchführen kann, ist er bei Intelligenz- und Persönlichkeitstests auf psychologische Fachkräfte angewiesen wie Beratungslehrer, Schulpsychologen, Erziehungsberater usw.

Falls erforderlich:

b) Unterrichtsbeobachtung zur diagnostischen Abklärung des Unterrichtsverhaltens des Problemschülers

Zu 7:

In dieser Phase erneute Überprüfung der Kompetenz (Schutz vor Überforderung) des Klassenlehrers und falls Kompetenz nicht ausreichend: Mitteilung der Ergebnisse aus der diagnostischen Phase an die Eltern, in einem zweiten Beratungskontakt sowie gleichzeitige Motivierung der Eltern bzw. des Problemschülers für eine Beratung/Therapie/sonstige Maßnahmen in einer Außeninstitution.
Oder falls Kompetenz des Klassenlehrers ausreicht:

Zu 8:

Ergebnismitteilung in einem zweiten Beratungskontakt an Eltern und Problemschüler sowie Erarbeitung gemeinsamer Problemlösungsstrategien und Interventionen wie z. B.

- Nachhilfe,
- Training zur Verbesserung des Lern- und Arbeitsverhaltens,
- Klassenwiederholung,
- Schulwechsel,
- Elternberatung zur Verbesserung der häuslichen Lernsituation
- Vermittlung einer Lese-Rechtschreibförderung mit/ohne Einbezug der Eltern usw.

Zu 9:

Falls die eingeschlagenen Problemlösestrategien und Interventionen erfolgreich waren, ist der Beratungsprozeß abgeschlossen, falls nicht, sind

a) weitere Beratungskontakte zwischen Klassenlehrer und Problemschüler notwendig, um zu erreichen, daß Eltern und Problemschüler bzw. Fachlehrer sowie Klassenlehrer an einem Strang ziehen, d. h., daß die Problemlösemaßnahmen von allen drei Gruppierungen getragen werden.
b) Nie *gegen*, sondern stets *mit* dem Widerstand der Betroffenen gehen!
c) Weder als Klassenlehrer sich seine Klassenlehrerverantwortung noch den Eltern ihre Elternverantwortung abnehmen lassen, sondern sie in dieser Verantwortlichkeit stärken und stützen!

4 Unterrichten – beraten – therapieren: Abgrenzungen und Überschneidungen im Überblick

Leistung und Verhalten der Schülerin/des Schülers:

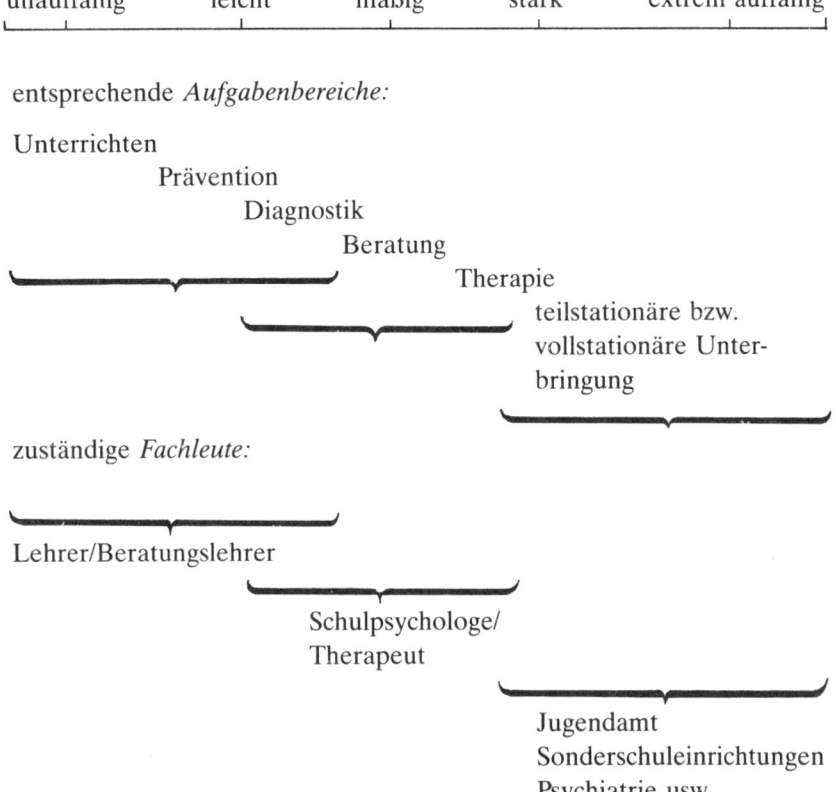

unauffällig   leicht   mäßig   stark   extrem auffällig

entsprechende *Aufgabenbereiche:*

Unterrichten
     Prävention
       Diagnostik
         Beratung
           Therapie
            teilstationäre bzw. vollstationäre Unterbringung

zuständige *Fachleute:*

Lehrer/Beratungslehrer
     Schulpsychologe/ Therapeut
       Jugendamt
       Sonderschuleinrichtungen
       Psychiatrie usw.

VI Literaturverzeichnis

Cleveland, B. F.: Master-Teaching Techniques. Lawrence Ville: the Connecting Link Press 1987.

Edelmann, W.: Suggestopädie/Superlearning. Heidelberg: Asanger 1988.

Ergenzinger, E.: Sich die Arbeit leichter machen: Beispiele für systemisches Denken und Handeln im Klassenzimmer. In: Hennig, C./Knödler, U.: Problemschüler – Problemfamilien. München und Weinheim: Psychologie Verlags Union 1985 (2. Aufl. 1987).

Erikson, E. H.: Identität und Lebenszyklus. Frankfurt: Suhrkamp 1979.

Gage, N. L./Berliner, D. L.: Pädagogische Psychologie. Weinheim und München: Psychologie Verlags Union 1986.

Gräser, H./Lederer, M.: Störende Schüler – unruhige Klasse. Hilfen für den Schulalltag. München: Kösel 1982.

Hage, K. u. a.: Das Methodenrepertoire des Lehrer. Opladen: Westdeutscher Verlag 1985.

Hennig, C./Knödler, U.: Problemschüler – Problemfamilien. Praxis des systemischen Arbeitens mit schulschwierigen Kindern. München und Weinheim: Psychologie Verlags Union 1985 (2. Aufl. 1987).

Hirschfeld, M./Schmiedeberg, J.: Sozialauffällige Schüler. Heidelberg: Quelle & Meyer 1978.

Juna, J. u. a.: Konzentration kinderleicht. Wien: Jugend und Volk 1980.

Keller, G.: Lernen will gelernt sein! Ein Lerntraining für Schüler. Heidelberg: Quelle & Meyer 1984 (4. Aufl. 1991).

Keller, G.: Lehrer helfen lernen. Lernförderung, Lernhilfe, Lernberatung. Donauwörth: Auer 1985 (3. Aufl. 1991).

Keller G.: Der Lern-Knigge für Jugendliche und junge Erwachsene. Bad Honef: K. H. Bock 1986.

Keller G.: Das Klagelied vom schlechten Schüler. Eine aufschlußreiche Geschichte der Schulprobleme. Heidelberg: Asanger 1989.

Kohlberg, L.: Zur kognitiven Entwicklung des Kindes. Frankfurt: Suhrkamp 1974.

Lozanov, G.: Suggestology and Outlines of Suggestopedia. New York: Gordon and Breach 1979.

Mandl, H. (Hrsg.): Zur Psychologie der Textverarbeitung. München: Urban & Schwarzenberg 1981.

Meister, H.: Förderung schulischer Lernmotivation. Düsseldorf: Schwann 1977.

Metzig, W./Schuster, M.: Lernen zu lernen. Anwendung, Begründung und Bewertung von Lernstrategien. Berlin, Heidelberg, New York: Springer 1982.

Molnar, A./Lindquist, B.: Verhaltensprobleme in der Schule. Lösungsstrategien für die Praxis. Dortmund: verlag modernes lernen 1990.

Nagel, C. v. u. a.: Megateaching. Freiburg: Verlag für Angewandte Kinesiologie 1989.

O'Neil, H. F. (ed.): Learning Strategies. New York: Academic Press 1978.

Piaget, J./Inhelder, B.: Die Psychologie des Kindes. München: Piper 1986.

Prekop, J.: Der kleine Tyrann. München: Kösel 1979.

Rheinberg, F.: Leistungsbewertung und Lernmotivation. Götting: Hogrefe 1980.

Roth, H.: Pädagogische Psychologie des Lehrens und Lernens. Hannover: Schroedel 1957 (16. Aufl. 1983).

Schiffler, L.: Suggestopädie und Superlearning – emprisch geprüft. Frankfurt: Diesterweg 1989.

Schmeck, R. R. (ed.): Learning Strategies and Learning Styles. New York and London: Plenum Press 1988.

Schreiner, G.: Muß Strafe sein? In: Cloer, E. (Hrsg.): Disziplinkonflikte in Erziehung und Schule. Bad Heilbrunn: Klinkhardt 1984.

Schulz von Thun, F.: Miteinander reden: Störungen und Klärungen. Psychologie der zwischenmenschlichen Kommunikation. Reinbek: Rowohlt 1981.

Schuster, D. H./Gritton, C. E.: Suggestopädie in Theorie und Praxis. Bremen: Psychologische Lernsysteme 1986.

Vester, F.: Denken, Lernen, Vergessen. München: Deutscher Taschenbuch Verlag 1978.

Vester, F./Beyer, G./Hirschfeld, M.: Aufmerksamkeitstraining in der Schule. Heidelberg: Quelle & Meyer 1979 (2. Aufl. 1983).

Weber, W.: Wege zum helfenden Gespräch. Gesprächspsychotherapie in der Praxis. München: Reinhardt 1974 (8. Aufl. 1987).

Weinstein, C. E. u. a. (eds.): Learning and Study Strategies. San Diego: Academic Press 1988.

Wippich, J.: Begegnung. Weissenau: Verlag J. Wippich 1985.